U0939305

青年国际环境法评论

何艳梅　主编

中国政法大学出版社

2019・北京

声　明　1. 版权所有，侵权必究。
2. 如有缺页、倒装问题，由出版社负责退换。

图书在版编目（CIP）数据

青年国际环境法评论/何艳梅主编. —北京:中国政法大学出版社, 2019. 10
ISBN 978-7-5620-9264-3

Ⅰ. ①青… Ⅱ. ①何… Ⅲ. ①国际环境法学－文集 Ⅳ. ①D996. 9-53

中国版本图书馆CIP数据核字(2019)第229637号

书　名　青年国际环境法评论
QINGNIAN GUOJI HUANJINGFA PINGLUN
出版者　中国政法大学出版社
地　址　北京市海淀区西土城路 25 号
邮　箱　fadapress@163.com
网　址　http://www.cuplpress.com (网络实名：中国政法大学出版社)
电　话　010－58908466(第七编辑部) 010－58908334(邮购部)
承　印　固安华明印业有限公司
开　本　720mm×960mm　1/16
印　张　12.5
字　数　205 千字
版　次　2019 年 10 月第 1 版
印　次　2019 年 10 月第 1 次印刷
定　价　48.00 元

校庆筹备工作领导小组

组　长： 夏小和　刘晓红

副组长： 潘牧天　刘　刚　关保英　胡继灵　姚建龙

成　员： 高志刚　韩同兰　石其宝　张　军　郭玉生　欧阳美和　王晓宇　周　毅　赵运锋　王明华　赵　俊　叶　玮　祝耀明　蒋存耀

总序 GENERAL PREFACE

三十五年的峥嵘岁月，三十五载的春华秋实，转眼间，上海政法学院已经走过三十五个年头。三十五载年华，寒来暑往，风雨阳光。三十五年征程，不忘初心，砥砺前行。三十五年中，上海政法学院坚持“立足政法、服务上海、面向全国、放眼世界”，秉承“刻苦求实、开拓创新”的校训精神，走“以需育特、以特促强”的创新发展之路，努力培养德法兼修、全面发展，具有宽厚基础、实践能力、创新思维和全球视野的高素质复合型应用型人才，在中国特色社会主义法治建设征程中留下了浓墨重彩的一笔。

学校主动对接国家和社会发展重大需求，积极服务国家战略。2013 年 9 月 13 日，习近平主席在上海合作组织比什凯克峰会上宣布，中方将在上海政法学院设立“中国–上海合作组织国际司法交流合作培训基地”，愿意利用这一平台为其他成员国培养司法人才。此后，2014 年、2015 年和 2018 年，习主席又分别在上合组织杜尚别峰会、乌法峰会、青岛峰会上强调了中方要依托中国–上合基地，为成员国培训司法人才。2017 年，中国–上合基地被上海市人民政府列入《上海服务国家“一带一路”建设、发挥桥头堡作用行动方案》。五年来，学校充分发挥中国–上合基地的培训、智库和论坛三大功能，取得了一系列成果。

入选校庆系列丛书的三十五部作品印证了上海政法学院三十五周年的发展历程，也是中国–上海合作组织国际司法交流合作培训基地五周年的内涵提升。儒家经典《大学》开篇即倡导：“大学之道，在明明德，在亲民，在止于至善。”三十五年的刻苦，在有良田美池桑竹之属的野马浜，学校历经上海法律高等专科学校、上海政法管理干部学院、上海大学法学院和上海政法学院等办学阶段。三十五年的求实，上政人孜孜不倦地奋斗在中国法治建设的道路上，为推动中国的法治文明、政治进步、经济发展、文化繁荣与社会和谐而不懈努力。三十五年的开拓，上海政法学院学科门类经历了从单一性向多元性发展的过程，形成了以法学为主干，多学科协调发展的学科体系，学科布局日臻合理，学科交叉日趋完善。三十五年的创新，在我国社会主义法治建设进程中，上海政法学院学科建设与时俱进，为国家发展、社会进步、人民福祉献上累累硕果和片片赤诚之心！

所谓大学者，非谓有大楼之谓也，有大师之谓也。三十五部作品，是上海政法学院学术实力的一次整体亮相，是对上海政法学院学术成就的一次重要盘点，是上政方家指点江山、激扬文字的历史见证，也是上海政法学院学科发展的厚重回声和历史积淀。上海政法学院教师展示学术风采、呈现学术思想，如一川清流、一缕阳光，为我国法治事业发展注入新时代的理想与精神。三十五部校庆系列丛书，藏诸名山，传之其人，体现了上海政法学院教师学术思想的精粹、气魄和境界。

红日初升，其道大光。迎着佘山日出的朝阳，莘莘学子承载着上政的学术灵魂和创新精神，走向社会、扎根司法、面向政法、服务社会国家。在佘山脚下这座美丽的花园学府，他们一起看情人坡上夕阳抹上夜色，一起欣赏天鹅一家漫步在上合基地河畔，一起奋斗在落日余晖下的图书馆。这里记录着他们拼搏的青春，放飞着他们心中的梦想。

《礼记·大学》曰："古之欲明明德于天下者，先治其国。"怀着修身、齐家、治国、平天下理想的上政师生，对国家和社会始终怀着强烈的责任心和使命感。他们积极践行，敢为人先，坚持奔走在法治实践第一线；他们秉持正义，传播法义，为社会进步摇旗呐喊。上政人有着同一份情怀，那就是校国情怀。无论岁月流逝，无论天南海北，他们情系母校，矢志不渝、和衷共济、奋力拼搏。"刻苦、求实、开拓、创新"的校训，既是办学理念的集中体现，也是学术精神的象征。

路漫漫其修远兮，吾将上下而求索。回顾三十五年的建校历程，我们有过成功，也经历过挫折；我们积累了宝贵的办学经验，也总结了深刻的教训。展望未来，学校在新的发展阶段，如何把握机会，实现新的跨越，将上海政法学院建设成一流的法学强校，是我们应当思考的问题，也是我们努力的方向。不断推进中国的法治建设，为国家的繁荣富强做出贡献，是上政人的光荣使命。我们有经世济民、福泽万邦的志向与情怀，未来我们依旧任重而道远。

天行健，君子以自强不息。著书立说，为往圣继绝学，推动学术传统的发展，是上政群英在学术发展上谱写的华丽篇章。

上海政法学院党委书记 夏小和 教授

上海政法学院校长 刘晓红 教授

2019 年 7 月 23 日

前言 PREFACE

二零一九年春于我而言是一个成长的季节，也是一个收获的季节。作为一个长期致力于国际环境法研究和教学的学者和教师，有感于国际环境法研究成果的稀少和研究人才的匮乏，我组织了一些优秀的青年学子（均为我校环境法专业2017级和2018级研究生）开展国际环境法专题研究并撰写成文，并在充分的集体研讨基础上予以修订和完善。恰逢我校为迎接建校三十五周年，为推进学校学术繁荣，资助出版了系列丛书。借助这个大好机会，征得各位论文写作者的同意和进一步修订的配合，我将这些论文汇编成书。

为了确保书稿的质量，我身兼数任，在组稿、统稿、审稿之外，对每篇论文的题目拟定、结构安排、行文逻辑、观点阐述、文献检索等进行了全面的指导并提出了具体的修改意见，对写作格式进行了统一要求，甚至对每篇论文的文字表达亲自进行雕琢。但是书中每篇论文都是学子们独立撰写的，因此著作权都属于作者本人，当然文责也由他们自负。写作者们风华正茂，头脑灵活，思想敏锐，富有创见，搜索文献资料的能力很强。而且，几乎每篇论文都既有对现行国际立法、规则和制度的评析，对最新发展成果的把握，也有对发展前景的展望，以及对中国贡献的探索，因此相当具有可读性。虽然有的写作者由于学术经验的缺乏，从动笔写作到交付出版的仓促，其论文还显得稚嫩，但是我相信，只要写作者潜心向学，再加上长者提携，假以时日，他们必将开辟出自己的学术疆域。

从教二十多年以来，我习惯了独自埋头创作，这是第一次以主编的身份，领导十数人的团队进行创作，集决策者和组织者、指导者和编辑者于一身，既尝到了作为决策者和组织者的快意，也感受到了作为指导者和编辑者的辛劳，只是快意一时，辛劳长久……好在所有的付出都有这本实实在在的书为证，个中滋味是苦中带甜的。

中国政法大学出版社的牛洁颖编辑，对本书全稿进行了认真细致的修改和校对工作，在此表示诚挚的谢意！

何艳梅

2019 年 5 月于上海

目　录 CONTENTS

总　序 …… 001

前　言 …… 004

总论部分

国际非政府组织在国际环境法中的地位和作用/张舜栋 …… 003

风险预防原则的要素、基础和地位探析/王琴玉 …… 021

共同但有区别的责任原则的体系化分析/郁濠臣 …… 036

分论部分

转基因作物商业化的不良影响及其国际法规制/陈　钰 …… 053

国际气候变化法律体制的新发展与中国的应对/常永辉 …… 078

中国跨界大气污染防治的国际法视野/李超群 …… 098

跨界地下水法的演进和发展/冯心颖 …… 116

海洋环境污染防治国际立法研究

——以《联合国海洋法公约》为代表/牛秉儒 …… 133

南极地区环境保护国际立法与制度研究/王之竹 …… 151

WTO 关于贸易与环境问题的规则及案例评析/吴雅菁 …… 168

总论部分

国际非政府组织在国际环境法中的地位和作用

张舜栋

摘　要：主流观点认为非政府组织不是国际环境法的主体，但是从近些年来国际非政府组织所从事的活动及其影响力来看，将一些非政府间国际环境保护组织排除在国际环境法主体之外，在一定程度上阻碍了国际环境保护事业的发展。非政府间国际环境保护组织由于缺乏国际法意义上的主体资格，在解决全球某些污染事件，特别是在跨国境、无条约以及生态环境监管不严的领域上处于一种积极付出，却成效较少的乏力状态。对此，应当探讨赋予符合一定标准的非政府间国际环境保护组织以国际法上的主体资格，即在其取得一国国内法人格的基础上，有实际事例证明自身是为人类共同利益而进行活动，并经过一定的承认制度得到承认后，可以取得在国际环境法上的主体地位，从而更好地推动全球生态环境保护事业的发展。

关键词：国际非政府组织　国际环境法　主体　非政府间国际环境保护组织

引　言

国际组织作为当前国际社会中重要的行为体，在推动世界公共福利发展方面发挥着重要的作用。根据国际协会联盟（UIA）发布的《国际组织统计年鉴 2018-2019》的相关数据分析，[1]截至 2018 年，全球共有超过七万个国际组织，其中包括 38 000 多个活跃国际组织以及大约 32 000 个休眠性国际组织。全球范围内每年新成立的政府间以及国际非政府组织大约有 1200 个左右，而且这一指数也在随着每年国际组织的新增而不断增加。

此外，除了在国际社会中发挥巨大作用的政府间国际组织（International Governmental Organization，IGO）外，非政府间的国际组织（International Non-Governmental Organization，INGOs）在国际事务中也发挥着越来越重要的作用，特别是在跨国性的生态、环境保护等领域，非政府间国际环境保护组织（Environment International Non-Governmental Organization，ENGOs）发挥着不可或缺的作用。从国际环境保护事业过往的发展状况来看，环保性非政府组织无论是对于国际环境保护制度的确立，还是在推动相关国际环境保护条约的落实上，都发挥着巨大的作用。但是，在当下的国际环境法体系中，ENGOs 更多的是作为非国际法主体进行活动，此种不被认可的身份在一定程度上阻碍着该类组织充分参与国际环保事业，确立非政府组织在国际环境法上的地位也是有据可循。因此，本文将从非政府组织在国际环境法中的地位出发，并对符合特定条件的非政府组织成为国际环境法上的主体进行可行性探讨。

一、国际非政府组织的定义及分类

对于国际非政府组织并没有确切的官方定义，但是国际社会和学界也普遍认可非政府组织具有公益性、非政府性等特质，并且根据非政府组织组成、从事的活动有着不同的分类。

（一）国际非政府组织的定义

非政府组织常用来指代某类非国家、地区政府所建立的官方性组织机构以外的其他机构组织的统称，也被称为“非营利组织”（Non-Profit Organization，NPO）。非政府组织（NGOs）是一个非营利的、以公民为基础的组织，其职能往往独立于政府，因为存在“非政府组织”的名称可能涵盖范

---

〔1〕 UNION OF INTERNATIONAL ASSOCIATIONS, *The Yearbook of International Organizations*, https://uia.org/yearbook. visited on 12 May, 2019.

围太广的问题，有些非政府组织更偏向于使用“个人志愿组织”（Private Voluntary Organization，PVO）的名称。非政府组织在一些国家也被称为“民间社会组织”（Civil Society Organization），主要致力于将民众在社区、国家和国际层面组织起来，在同一定区域的国家政府合作的基础上，服务于一定的社会或政治目的。也有学者认为，非政府组织是指由个人或社团组成的团体，它们主要是通过私人倡议而自由设立，谋求在跨越一国边境的问题上实现某种利益，并且是非营利性的。〔1〕非政府组织往往带有较高的组织性以及民间自发性，且具有明显的非营利性、非政党性、非宗教性，同政府官方部门保持一定距离，常常有自己明确的活动主张或利益诉求。〔2〕根据非政府组织所从事活动的区域和活动种类的不同，又可以区分为非政府间组织和国际非政府组织，前者主要在一国范围内进行活动，后者则偏向于在国际社会开展活动。但在目前的实践中，并没有相关的国际条约或国际惯例对非政府间组织进行国内、国外的区分，在本质上，二者并没有太大的区别。

“非政府组织”一词最早在1945年的联合国会议上提出，其中《联合国宪章》第71条规定，NGO作为机构的咨询角色发挥作用，没有成员是政府或州。在1950年2月联合国经济及社会理事会（ECOSOC）的第288（X）项决议中，首次界定了国际非政府组织（INGO）的概念，即国际非政府组织是指那些可以不通过国际条约或者国际协议的形式确立，自行成立并在国际社会进行活动的组织。同样，在1968年ECOSOC通过的第1296项决议中，确立了非政府组织的咨商地位。〔3〕在1996年7月联合国第49次会议上，进一步确立了联合国与非政府组织间的协商关系，NGOs和其他主要群体在国际社会中的关键作用得到承认。〔4〕非政府组织的本质特征是独立于任何政府的直接控制，其他的性质要求非政府组织不会成为一个政党，它将是非营利性的，

〔1〕 史蒂夫·夏诺维茨、黄志雄：“非政府组织与国际法”，居梦译，载《东方法学》2012年第1期。

〔2〕 何艳梅：“非政府组织与国际环境法的发展”，载《环境保护》2002年第12期。

〔3〕 马全中：“非政府组织概念再认识”，载《河南社会科学》2012年第10期。

〔4〕 United Nations Economic and Social Council：1996/31. Consultative relationship between the United Nations and non-governmental organizations，49th plenary meeting，25 July，1996. https://www.un.org/documents/ecosoc/res/1996/eres1996-31.htm. visited on 10 May，2019.

同时它不会是一个犯罪集团。[1]

（二）国际非政府组织的分类

根据国际非政府组织的活动开展方式以及主要活动策略的不同，可以将其分为两大类，即运作型 NGOs 和倡导型 NGOs，前者主要致力于与社会发展相关的项目，分为“偏社会救助”“偏社会发展”两个领域，[2]通过提供技术或经济上的帮助，来解决相关国家的社会发展问题，比如大自然保护协会。而后者则主要是专为实现某类特定目标而设，比如仅为保护世界环境或者仅仅保护海洋环境等，前者中比较有代表性的是绿色和平组织，后者则有海洋牧人组织等。

根据国际非政府组织运营主体的不同，可将其分为商业 NGOs、宗教 NGOs、环保 NGOs、政府 NGOs、半自治性 NGOs 等。商业 NGOs 主要指面向商业发展的 NGOs，如美国的部分行业协会，例如美国钢铁技术协会（Association for Iron & Steel Technology，AIST）；宗教 NGOs 是指面向宗教的非营利性团体，比如天主教救济服务（Catholic Relief Services，CRS）；环保 NGOs 的组织主要有雨林保护联盟（Rainforest Alliance）；政府 NGOs 主要是指由政府出于扶持目的牵头组建，涵盖一定管理因素在内的类似非政府组织的非营利性组织，如中国环境保护协会（China Environmental Protection Association，CEPA）[3]；半自治性 NGOs 主要是指由不同国家间的政府内设的相关标准机构以合作机制的形式所构成的 NGOs，比如国际标准化组织（International Organization for Standardization，ISO）等。

不同国家对于非政府组织也有不同的分类标准，比如美国代表性的分类标准主要依据国际上通行的产业标准分类体系，将非政府组织划分为 12 个大的类别以及细分为 24 个详细项目小类，比如大类社会服务，相应的小类主要有社会救助、紧急救助、社会服务等。日本对于非政府组织的类别划分异于

---

〔1〕 Peter Willetts. What is a *Non-Governmental Organization*?（Article 1. 44. 3. 7 Non-Governmental Organizations）. UNESCO Encyclopedia of Life Support Systems. http://www. staff. city. ac. uk/p. willetts/CS-NTWKS/NGO-ART. HTM#Part1. visited on 12 May, 2019.

〔2〕 Korten, D. *Getting to the 21st century: voluntary action and the global agenda*. West Hartford, CT: Kumarian Press, 1990, p. 118.

〔3〕 中国环境保护协会：《协会简介》，http://www. zhb. org. cn/abouts/company. html，最后访问时间：2019 年 5 月 10 日。

美国，主要是依据NGOs的设立目的不同，划分为三大类，第一类是具有社会性质的非营利性组织，如行业协会、合作社、研究机构等；第二类主要是以爱好、兴趣为目的非营利性质的组织，诸如老年人俱乐部、校友会、兴趣团体等；第三类则是团体性的互助式协会，比如工人俱乐部、其他的经济型团体组织等。我国则是依据非政府组织的性质将其划分为四类，分别是事业单位、社区管理型组织、社会团体以及民办非企业单位，其中社会团体又可以分为政治性质的团体、经济性质的团体以及文化性质的团体。

二、国际非政府组织在国际环境法中的作用

国际环境法视野下的国际非政府组织，即国际非政府环境保护组织（ENGOs），是指不同国家、地区间的民间性质的团体、组织机构或者联盟，以国际合作的形式，通过非官方性质的协议或其他活动促进环境与资源保护事业发展的非营利性的国际机构。〔1〕也有学者认为，国际环保非政府组织可以分为三类，即专门性的民间环保组织、国际法学术团体以及其他类型的非政府组织。专门性的民间环保组织主要有绿色和平组织、世界自然基金会等；国际法学术团体主要有国际法研究院、国际法协会等；其他类型的非政府组织主要有国际标准化组织等。〔2〕从国际环保非政府组织所从事的管理、实践活动来看，整体而言，ENGOs对于全球环境发挥着较为突出的保护和改善作用。以下以一些典型的ENGOs为例，探讨其在国际环境法中的作用。

（一）代表性ENGOs及其活动和贡献

ENGOs在国际环境保护事业中作出了巨大的贡献，在过去的数十年间，部分国际非政府组织在推动全球环境问题的解决上发挥了不可或缺的作用，特别是在阻止全球变暖、水体环境保护、海洋污染防治、野生动植物保护、生物多样性保护等领域。下文将从一些较为典型的ENGO以及由其参与的国际环境实践出发，分析ENGOs在国际环境法中的作用。

1. 绿色和平组织（Green Peace）

绿色和平组织致力于通过和平化的方式，采取创新性的手段来应对全球

---

〔1〕林灿铃：《国际环境法的产生与发展》，人民法院出版社2006年版，第279页。

〔2〕何艳梅："非政府组织与国际环境法的发展"，载《环境保护》2002年第12期。

的环境问题，从而探索和追求一个充满绿色和祥和的未来。[1]该组织的任务或者目标在于，地球上多种多样的生命都能得以繁荣和发展。

据统计，在2000年至2018年6月期间，绿色和平组织一共成功开展了171项涉及国际环境保护的活动，其中涉及核污染问题的共10项、农业方面11项、海洋方面37项、森林方面35项、气候方面40项、有毒有害物质方面35项。[2]这些活动中比较有影响力的主要是，在2000年推动《生物安全议定书》的通过，推动2004年《斯德哥尔摩公约》中关于持久性有机污染物的条款的生效，2007年在南太平洋地区推动施行了深海海底拖网捕鱼的禁令，在生态脆弱地区禁止使用拖网捕鱼，2009年在加拿大地区推动了《大熊雨林保护协议》的出台，2010年推动加拿大签订了《加拿大北方森林协议》，2012年推动了中国地区反对转基因大米商业化种植的活动，2015年在比利时奥斯坦德会议上，推动《OSPAR条约》关于北极保护区有关规定的确立，2016年推动英国政府建立大西洋阿森松岛海洋保护区，等等。

绿色和平组织主要是以开展项目活动的形式传达自身对于自然保护的要求，目前开展的活动如拯救雨林、建立南极庇护所、推广无塑理念、拯救北极等，都有利于生态环境的保护，该组织也为实现上述目标采取了一系列措施。但是作为非政府组织，绿色和平组织对一些项目的影响能力往往较为有限，以至于在同一些主权国家交流、抗议的活动中处于劣势地位，甚至于有时候组织的成员面临被其他国家监禁、罚款的窘迫局面，比如“极地曙光号事件”。[3]

2. 世界自然基金会（World Wildlife Fund，WWF）

世界自然基金会成立于1961年，是世界范围内最大的独立性非政府国际

---

〔1〕 GREENPEACE，*Our Value*，https://www.greenpeace.org/international/explore/about/values/.，last visited on 9 May，2019.

〔2〕 GREENPEACE，*An Interactive Timeline of Greenpeace's History*，*Victories and Successes*. http://www.tiki-toki.com/timeline/entry/594418/Greenpeace/#vars! date = 2049-09-14_ 19：24：51!，last visited on 9 May，2019.

〔3〕 极地曙光号事件是指，2012年前后，美国和俄罗斯的能源公司在北极进行石油气的开采，极大可能破坏北极海域环境。2013年8月，绿色和平组织的极地曙光号船只驶入俄专属经济开发区域进行环保抗议，俄罗斯进行了驱赶。后来抗议活动升级，绿色和平组织成员登上俄公司钻井平台进行抗议，俄政府随后以海盗罪逮捕了极地曙光号上的人员。同年12月，俄政府迫于国际社会压力，撤销了对除一名成员以外的其他涉事船员的指控。

环保组织之一。根据世界自然基金会官方网站的介绍，目前世界自然基金会的工作重心主要集中在以人类发展为核心的六大领域，分别是森林、海洋、淡水、野生动物、食物以及气候。[1]该组织更倾向于同能够做出有效影响意见的政府部门和企业进行合作，并借助这些群体的影响，吸引一些商业团体、社团组织甚至是学术机构加盟其中，从而更好地保护地区和全球环境。[2] WWF 的宗旨更偏向于温和派的做法，并且资金来源也较为丰富，接受社会各界的捐赠。WWF 支持的领域不仅有发展中国家的生态保护，也有发达国家比如美国野生动植物资源的保护，从以往的发展经历来看，更倾向于对发展中国家的投入。由于存在和政府、企业合作的机制，WWF 有较为充足的资金帮助、扶持生态环境脆弱的地区进行环境改善，在国际上也有着较高的声誉。

根据 2005 年至 2016 年开展活动的数据，世界自然基金会对世界生物和环境保护事业也作出了突出的贡献。比如，世界自然基金会于 2006 年宣布在亚马逊占地 470 万英亩的 Juruena 国家公园正式成立，该公园共创造了 3300 万英亩的新严格自然保护区域和 1850 万英亩的新可持续利用区域。2010 年，在世界自然基金会的努力下，Fundacion Carlos Slim（FCS）与墨西哥政府共同启动了墨西哥 Alianza 项目，初始的投资金额约为 1 亿美元，用于环境改善和保护。2015 年 12 月，196 个国家在巴黎举行会议，最终通过了旨在遏制气候变化的全球协议——《巴黎协定》，世界自然基金会努力的许多事项也在会议上得到重视。[3]

3. 其他 ENGOs

海洋牧人组织（Sea Shepherd）于 1977 年正式成立，在全球 20 多个国家建立了独立性质的团体，专门致力于保护世界海洋资源以及海洋生物，减少海洋污染以及海洋生态破坏现象。该组织认为，当今世界对于海洋资源的保护力度存在较大的不足，公海渔业资源的非法偷捕、未经批准以及缺少管制

---

[1] 从该六个领域出发，WWF 还创设了另外八个项目，分别是老虎数量翻倍计划（Double Tigers）、影响政策（Influencing Policy）、罗素 E 自然教育项目（Russell E. train education for nature）、科学（science）、禁止象牙贸易项目（Stopping Ivory Demand）、市场研究（The Markets Institute）、转变业务（Transforming Business）、与 USAID 合作的项目（Working With USAID）。

[2] World Wildlife Fund, *Our Work*, https://www.worldwildlife.org/initiatives, last visited on 9 May, 2019.

[3] World Wildlife Fund, *HISTORY*, https://www.worldwildlife.org/about/history, last visited on 12 May, 2019.

的滥捕行为较多，偷猎者掠夺海洋资源却得不到应有的处罚，并试图为解决该现象贡献力量。该组织目前有四条能在公海领域航行的船只，主要通过直接行动，与已签订协议的执法机构进行合作，揭露和对抗在公海海洋保护区和各国主权水域存在的非法活动。2015 年在芬兰发起并实施了保护塞马群岛海豹的项目，收购了两艘退役的美国海岸警卫队巡逻舰用于开展活动。同年 6 月，在海洋牧人组织的游说下，国际捕鲸委员会（IWC）科学委员会拒绝了日本提出的 NEWREP-A 捕鲸计划。2016 年与加蓬共和国政府、圣多美和普林西比政府进行合作，启动 Albacore 项目，帮助两国巡逻 IUU 捕鱼专属经济区。2017 年与利比里亚政府合作，帮助其监管非法、未报告或无管制（IUU）的捕捞问题。此外，该组织还开展了一系列其他救助濒危海洋动物的活动，比如以保护企鹅、保护海豚为主题的宣传和渔区巡视监督等。[1]

大自然保护协会（The Nature Conservancy，TNC），是一个全球环境非营利组织，致力于创造一个人与自然繁荣的世界。截至 2019 年，该组织共有超过一百万的会员、员工以及 400 多名科学家，在六大洲的 72 个国家设有相应的工作机构。[2]该组织在过去的几年间开展了一系列活动：2010 年推动中国建立并实施“自然保护区优先制度”；2015 年会同塞舍尔进行债务换海洋保护区项目，最终促成了该项目在 2018 年建成约八万平方英里的海洋保护区，2016 年在温哥华岛和阿拉斯加东南部建立了 1900 万英亩的保护区域。该组织近期开展的活动还有协助蒙古国政府进行草原保护，并且在过去的 10 年间，累计帮助蒙古政府保护 2600 万英亩的草原，此后还将继续进行保护，实现保护共计 1.2 亿英亩草原的目标。此外，该组织每年都会发布数量不一的研究报告，比如《管辖热带森林计划的作用》《智能的农业实践》《消除河道障碍的环境市场》等，用以为全球特定地区的生态环境保护提供指导。

另外还包括一些其他松散型的国际非政府组织。国际地球之友组织（Friends of the Earth International，FoEI）由全球 75 个国家和地区的环保组织共同组建，致力于构建一个人与自然和谐相处的社会，并以推动世界和平、实现可持续发展为最高目标。此外还有森林管理委员会（Forest Stewardship

〔1〕 SEA SHEPHERD, *Who We Are? Sea Shepherd is an international direct-action ocean conservation movement*. https://www.seashepherdglobal.org/who-we-are/, last visited on 20 May, 2019.

〔2〕 The Nature Conservancy, *ABOUT US: Who We Are*, https://www.nature.org/en-us/about-us/who-we-are/, last visited on 20 May, 2019.

Council，FSC）、雨林联盟（Rainforest Alliance）、雨林行动网（Rainforest Action Network）、德国的 BUND 协会等。这些活跃在全球环境保护一线的非政府组织，对全球的自然环境以及自然生态的保护事业作出了突出的贡献。

（二）ENGOs 在国际环境法中的作用

总体而言，ENGOs 主要在以下三个方面发挥着作用：首先，对公众参与环境保护产生积极影响。由于 ENGOs 所从事的活动带有较大的民间自发性，所以更有利于对普通民众的号召和影响，所开展的活动也主要是面向社会中的普通民众。进行广泛宣传、集会以及抗议游行等成为 ENGOs 的主要活动方式，普通民众也在参与此类活动中了解到环境问题的现状以及相应的解决路径，从而推动了民众环境保护意识的普及，形成了良好的教育宣传效应，并且在很大程度上推动了民众参与到环境保护的实践中，并形成了一定的公众参与环境保护的机制。比如绿色和平组织在过去几年间所开展的环境保护运动，对普及民众的环保意识作出了贡献。而这一作用的发挥，在效果和效率上也往往优于国家一般性环保政策所产生的对民众环保意识的教育和普及作用。

其次，促进跨区域环境问题的解决，主要以资金和技术支持的方式进行推动。跨区域环境问题超出了一国所能解决的范围，比如亚马逊地区的雨林保护问题，蒙古、中国地区存在的沙尘暴问题，国际河流的跨界污染问题，公海领域的滥捕偷捕行为等。主权国家在跨区域环境保护活动中，由于更加注重对本国利益的维护，在解决跨区域环境问题上投入的资金、技术往往较为匮乏。部分 ENGOs 发现了这一问题，在国际环境法体系下，也愿意以环境问题研究报告或环境扶持资金的形式为一些国家提供资金或技术，比如世界自然基金会、大自然保护协会等，在一定程度上推动了环境保护科学与技术的普及，也有助于新的环保技术的发展。

最后，促进政府、企业、社会团体以及个人在环境改善活动中的交流合作机制的建设。非政府组织自身的公益性、非营利性使其在本质上就存在公民组织、政府团体以及社会组织的信赖基础，因此也具有官方与民间沟通桥梁的作用，同时也具有环境保护监督者的作用，非政府组织的诸多理念、建议也正是通过影响决策者的决策意见得以实现。通过一系列的意见传达和监督反馈，推动形成了政府与民间良好的互动沟通机制，推进了政府、民众参与环保事业的热情。在一些跨区域的地区，比如雨林保护、海洋生物可持续开发、极地环境保护等领域，形成了国际社会良好合作、共同发展的局面。近些年来，联合国等政府间组织在处理国际环境问题时，也会听取环保非政府组织的看法和意见，有时主动邀请非政府组织参与，以保证相关决议的科学性和合理性。非政府组织很大程度上也是全球环境治理的合作伙伴，特别是在协调国家利益与国际环境公益的关系方面，有效推动了国际环境保护。

综合来看，一些发展较为成熟、体制较为健全的NGOs在国际环境保护事务中在发挥越来越重要的作用，可以在较大程度上弥补当下国际环境法规制的不足，并为世界的环境保护事业提供解决意见、技术支持、人员支持甚至是资金支持，比如前文提及的大自然保护协会。同时，不难看出不同类型的非政府组织也有着不同的核心发展策略，有些组织在活动能力、人员配置以及项目运作方面，已经有了成熟的体系，比如绿色和平组织、世界自然基金会等。有些非政府机构则缺少相应的资金和人员，更多的是偏向于对个人意愿的表达，比如雨林联盟、雨林行动网等。将所有的非政府组织作为国际环境法的主体明显不具有现实操作性，此外，部分国际非政府环境保护组织也很难有行使相关权利和履行相应义务的能力，因此，也有必要探讨符合何种标准的非政府组织可以成为国际环境法上的主体。

三、国际非政府组织对国际环境法的影响

在国际法的不同发展时期，对国际法主体的区分标准并不一致。在19世纪，国际法上的主体仅包括主权国家。第二次世界大战后，国际法的主体范围得到扩充，特别是在1948年“联合国职员执行任务工伤求偿案”[1]发生后，国际法院发表了咨询意见，确定了政府间国际组织的国际法主体资格。以此为开端，政府间国际组织正式成为国际法的主体。随着世界经济、文化的交融发展，国际法的主体理论也在发生着深刻的变革，大型跨国企业、国

〔1〕 1948年，巴勒斯坦发生一系列暴力事件。9月17日，联合国派遣调查的两位官员在执行工作任务时被以色列恐怖分子杀害，但当地警察未采取妥当措施，未找到罪犯。联合国承担了支付赔偿的责任，并且将国家是否对联合国负责任的问题提交联合国大会讨论。1949年4月，国际法院发表了关于此案的书面看法，认为“联合国会员国有权依国际法创立一个具有客观的国际人格和国际求偿能力的实体，联合国作为一个组织就其代表所受的损害有权提出赔偿请求”。最终，国际法院认为联合国可以要求以色列政府进行赔款和道歉。

际非政府组织对于传统的国际法主体理论产生着不同程度的冲击。[1]特别是在全球环境保护领域，非政府组织对国际社会所产生的影响也在不断地加深。非政府组织对国际环境法的影响主要体现在两方面，第一个方面是推动国际环境法的发展创设领域，第二个方面则是在与国际环境法有关制度的落实上。

（一）NGOs 对于国际环境法生成的影响

非政府组织基于自身的灵活、专业、公益等性质，可以很好地与国际环境法的发展目标相匹配，并能在跨国活动中更好地与各方进行沟通，促进国际环境保护事业的发展。此外，也有越来越多的非政府组织参与到国际环境保护的进程中。比如 1972 年联合国人类环境会议共有 250 个左右的 NGOs 参加，[2]1992 年联合国环境与发展会议共有超过 1500 个 NGOs 参加，[3]2002 年的约翰内斯堡峰会，共有超过 3200 个 NGOs 参加。非政府组织通过游说有影响力的决策者，参与环境保护的相关会议、谈判，为决策者提供专业知识，提交相应的书面文件报告甚至提供会议草案等等，广泛而深入地参与到国际环境法的编纂和发展之中。[4]比如 2015 年 12 月通过的《气候变化巴黎协定》，离不开世界自然基金会、绿色和平组织等所作出的努力，特别是在促进各国控制温室气体排放的能力建设方面，以及协定第十三条第四项、第五项等有关的透明度条款。[5]2002 年 8 月，联合国主办了第一届世界可持续发展峰会（World Summit on Sustainable Development，WSSD）——约翰内斯堡峰会，非政府组织关于世界水资源保护的提议以及相关行动方案得到了大会的认可，特别是非政府组织的专家在保护水资源方面的努力，在保护水资源的

---

〔1〕 葛森："全球化下的国际法主体扩张论"，载《政法学刊》2018 年第 6 期。

〔2〕 徐步华、叶江："浅析非政府组织在应对全球环境和气候变化问题中的作用"，载《上海行政学院学报》2011 年第 1 期。

〔3〕 See Alexandre Kiss and Dinah Shelton (eds.), *Guide to International Environmental Law*, Martinus Nijhoff Publishers, 2007, pp. 69-70.

〔4〕 王彦志："非政府组织参与全球环境治理——一个国际法学与国际关系理论的跨学科视角"，载《当代法学》2012 年第 1 期。

〔5〕《巴黎协定》第十三条第四项：公约下的透明度安排，包括国家信息通报、两年期报告和两年期更新报告、国际评估和审评以及国际协商和分析，应成为制定本条第 13 款下的模式、程序和指南时加以借鉴的经验的一部分。第五项：行动透明度框架的目的是按照公约第二条所列目标，明确了解气候变化行动，包括明确和追踪缔约方在第四条下实现各自国家自主贡献方面所取得进展；以及缔约方在第七条之下的适应行动，包括良好做法、优先事项、需要和差距，以便为第十四条下的全球总结提供参考。

可持续发展问题上发挥了重要作用。[1]同时，该峰会也确立了在世界范围内对水、土地和生物物质资源进行持续、综合管理的理念。[2]

此外，现代国际环境法的许多立法事项，主要是在非政府组织的推动下进行的。在立法过程中，非政府组织除了采用宣传、抗议活动外，还会有针对性的劝说对政策有决定性影响的人，通过影响这些人的想法来影响决策。有的 NGOs 甚至使用一种“羞辱”和“荣誉”的强烈对比性言论给决策者施加舆论压力，较为典型的例子如在 1995 年至 1997 年《京都议定书》的签订过程中，尽管 NGOs 无法参与一些正式的讨论会议，但其对于参会国家的政府机构产生了重要的影响，最终促成了该议定书的达成。[3]2018 年 5 月，联合国以一百多票的高票数通过了一项旨在评估和审议《世界环境公约》（草案）的决议，《世界环境公约》的制定被提上日程。[4]该公约草案成型于 2015 年，由法国非政府组织“法学家俱乐部”的环境委员会牵头，吸纳世界各地 40 多个国家八十多位顶级的专家学者进行编纂，2017 年由法国提交给联合国进行审议。该草案致力于统筹全球环境的治理，重申了环境法的预防原则，正式推出了环境权的概念以及不后退原则，强调公民、团体以及非政府组织对国际环境保护的参与等。[5]

（二）NGOs 对于国际环境法实施的影响

一般而言，国际环境法的实施主要是采用一些非强制的协商、谈判手段进行，在一些国际问题上，也通过一定的国际合作来完成，比如跨界大气污染的防治、温室气体的减排等。但是各国出于对本国利益的考量，一旦产生跨国或跨地区的环境问题，只要不危及、损害本国的利益，很少有国家愿意积极采取措施来履行相应的环境保护义务。非政府组织的参与可以很好地解

---

〔1〕 可持续发展问题世界首脑会议，临时议程项目 8，https://www.un.org/ga/search/view_doc.asp?symbol=A/CONF.199/L.4&Lang=C，最后访问时间：2019 年 5 月 10 日。

〔2〕 可持续发展问题世界首脑会议执行计划草案，https://www.un.org/ga/search/view_doc.asp?symbol=A/CONF.199/L.1&Lang=C，最后访问时间：2019 年 5 月 16 日。

〔3〕 See Michele M. Betsill and Elisabeth Corell, *NGO Diplomacy: The Influence of Nongovernmental Organizations in International Environmental Negotiations*, The MIT Press, 2008, pp. 20-48.

〔4〕 杜群、郭磊：“全球环境治理的国际统一立法走向——《世界环境公约（草案）》观察”，载《上海大学学报》（社会科学版）2018 年第 5 期。

〔5〕 赵子君、俞海、刘越、林昀：“关于《世界环境公约》的影响分析与应对策略”，载《环境与可持续发展》2018 年第 5 期。

决这一问题，通过直接或间接的参与国际环境保护事业或以监督、调查的形式，推动相关议题的解决。比如，《南极条约》的矿产资源活动管理机制的发展变迁，便是非政府组织对国际环境法的实施产生积极影响的较好实例。1959年12月签订的《南极条约》并没有禁止对南极矿物资源的开发，1988年《南极条约》第四次会议通过了《南极矿产资源活动管理公约》，确立了有选择的控制性开发以及保护环境的相关制度。以绿色和平组织等为主体，非政府组织开始在美国、英国、意大利等国家进行拒签该协议的游说活动，在国内开展大型的公共讨论、辩论以及请愿游行活动，影响澳大利亚、法国的政策偏好，在1989年的原油泄漏污染事件之后，〔1〕法国和澳洲政府最终决定不签署该公约。在1989年10月召开的第15次《南极条约》会议上，澳大利亚和法国率先提出禁止南极开发活动，得到了部分国家的支持，但英、美等国仍然主张保留对南极开发的权利。此后，绿色和平组织和世界自然基金会将公共运动的重点放在了英、美国家，并在社会上开展了一系列的宣传、抗议活动，随后英国宣布支持禁止南极开发的决议，美国最终也接受了决议。自此，南极矿产资源从开发保护转向禁止开发的局面。

此外，在国际环境保护相关条约、协定的实施领域，非政府组织也在积极扮演着监督者的角色，通过形成专业的研究报告进行分析，并且提出解决问题的方案，为全球环境执法提供了协助。比如绿色和平组织出版的关于《有毒废弃物贸易的最新动态》，不同国家间的资源和污染现状的分析报告，提升了污染信息在这方面的透明度，使得更多民众知晓环境污染的具体状况。有学者研究，在1971年《拉萨姆公约》、1972年《世界遗产公约》以及1989年《巴塞尔公约》等公约的实施及监督方面，非政府组织如绿色与和平组织、世界自然保护联盟等，同公约的秘书处都建立了良好的合作关系。比如世界自然保护联盟为《华盛顿公约》的秘书处提供大量关于野生动植物贸易的数据，《奥胡斯公约》的秘书处受理了大约60项以上的来自非政府组织提出的申诉请求等。

---

〔1〕 埃克森·瓦德兹号油轮原油泄漏案：1984年3月24日，装载了20万立方米原油的埃克森·瓦德兹号油轮途经美国阿拉斯加州的威廉王子湾时触礁沉没，导致大约1100万加仑（约41640立方米）的原油泄漏，覆盖了近2100公里的海岸线和28000平方公里的洋面，造成了大量的海洋生物死亡，整个地区的商业、捕鱼业被破坏，这次海难被认为是人为原因所造成的最具破坏性的海洋环境灾难之一。

四、国际非政府组织成为国际环境法主体的可行性探讨

一般认为成为国际法上的主体需要有三个必备的条件，首先该主体能独立地进行国际事务的交往活动并能参加相应的国际法律关系且无须其他实体进行参与授权或准入许可，其次是能够承受来自国际法上的权利义务，最后还要具有一定的国际求偿的能力。[1]有学者认为国际法主体是指从事国际法所规定行为并承担相应权利义务的实体。[2]也有学者认为，从目前国际法规制的三个方面来看，非政府组织已经具备了成为国际法主体的条件，一是非政府组织已经具备了一定的独立参与处理国际关系的能力，二是具备了一定的承担国际权利、国际义务的能力，三是部分国际非政府组织已经具备了提起和参与国际诉讼的能力。[3]从目前国际法的一般原理出发，非政府组织并非是国际法的主体，即无论何种规模、体例的非政府组织均不能独立地作为承担国际法上权利和义务的主体。但是从国际范围来看，就上述提及的部分非政府间国际环境保护组织而言，在其从事环境保护的内容、范围以及其所发挥的影响力等方面，很大程度上已经具备了国际环境保护事务的重要参与者身份，并且在国际环境保护的很多方面具有不可替代的作用。即在国际环境保护事业方面，符合一定条件的非政府组织已经具备了成为国际环境法主体的资格和条件，甚至在一些区域已经有成为国际环境法主体的实践。[4]在确定何种非政府组织成为国际环境法的主体时，应对主体的范围进行相应的限定，进行具体化，从而进行更好的规制。

通过前文分析不难看出，不同的非政府组织之间存在着极大的差异。有的非政府组织有着庞大的资金以及人员，甚至有自己的船只可以帮助一些综合国力较小的国家开展渔业监管巡逻，所拥有的研究团队可以为政府提供可

---

〔1〕 梁淑英：《国际法》（第二版），中国政法大学出版社 2016 年版，第 22 页。

〔2〕 秦天宝："浅论国际环境法对现代国际法的发展"，载《东方法学》2008 年第 5 期，转引自李浩培：《国际法的概念和渊源》，贵州人民出版社 1994 年版，第 5 页。

〔3〕 刘海江："国际非政府组织国际法规制的可行性"，载《天津行政学院学报》，2012 年第 5 期。

〔4〕 1986 年 4 月 24 日部分欧洲理事会成员国签订的《关于承认国际非政府间组织的法律人格的欧洲公约》（European Convention on the Recognition of the Legal Personality of INGOs）明确承认非政府间国际组织的法律人格，该公约 1991 年 1 月 1 日生效，现有 8 个缔约国，但该公约主要限定于缔约国之间的非政府组织。

行性的研究报告分析，甚至还有的组织可以为一些国家提供资金支持。另一方面，有的非政府组织只有几个人甚至只有一个理念就组建起来了，没有固定的会议机制也没有固定的资金来源。也有学者对非政府间组织进行了分类，然而无论是何种分类，都不能很好地解决非政府组织能否获得类似政府间国际组织的国际法主体资格问题。而这一问题主要是由非政府组织的定义较为宽泛，对于不同的非政府组织相应的划分标准不同而引起的。仅以前文环境保护方面的非政府组织为例，不同的非政府组织之间由于目的不同、活动理念不同，导致各自的体例存在极大差异，不同的非政府组织在资金、人员以及研究能力、研究方向上，也都存在较大的不同，更何况是比较宽泛的非政府组织概念。因此，笔者认为非政府组织并非一概不能成为国际环境法的主体，在同时符合三种条件的情况下，可以成为国际环境法的主体，即在拥有一国国内法律人格的基础上，有从事环境保护的一定数量的活动、经过国际社会的承认，通过特定的程序，可以获得国际环境法的主体地位。

（一）拥有一国国内法律人格

国际组织是国际社会的重要成员，国际非政府环境保护组织是国际环境保护体系的重要组成部分。无论何种非政府组织，在其成立之初往往在一国注册登记，拥有在该国国内从事特定活动的许可，具有该国国内法的主体地位。推之国际环境法体系，国际非政府组织在从事国际环保活动时也需要具备国际环境法上的主体资格。

法律的核心要素是给予相应的主体以权利与义务。基于此，享受国际环保权利和承担相关义务的国际非政府组织的国际环境法主体地位便成为需要考量的问题，也需要考虑其是否享有国际环境法律关系中的法律人格。法律人格是指为一定之主体并承担相关权利义务的资格以及与其权利、义务相匹配的能力。〔1〕随着国际环保事业的发展，国际组织具有一定国际人格的观点得到了更多认同。〔2〕此外，也有学者认为非政府组织具备国际法的人格需要符合三个条件，即独立的参与国际关系，具备直接承担国际权利和义务的能

---

〔1〕 常伟民：“论国际组织的国际人格生成”，载《时代法学》2016年第3期，转引自［美］梯利·伍德：《西方哲学史》，葛力译，商务印书馆1995年版，第122页。

〔2〕 常伟民：“论国际组织的国际人格生成”，载《时代法学》2016年第3期。

力，以及独立的国际求偿能力。[1]非政府组织需要获得国际社会的一般认可才能具有国际法上的主体地位，但从具体的实践操作而言，比如在欧洲地区开展的公益团体诉讼，符合一定条件的非政府环保组织可以提起诉讼，但其依然不能被认定为国际环境法上的主体，[2]因此很难推定符合前述条件的实体便自然具备国际环境法乃至国际法的主体资格。

根据前述非政府组织的诸多活动和实践，不难看出活跃在国际社会较为有影响力的国际组织，至少在一个以上的国家获得了从事活动的法律人格，并且其成员的组成往往也是各个国家的公民。从成功的国际非政府组织的实践来看，至少拥有一国的法律人格是其存在的基础，且该人格并不会随着该组织在其他地区开展活动而消失。这一点也应当成为国际非政府组织拥有国际法上人格的基础，如果没有合法的组织注册与开展地，那么相应的法律权利与义务也将成为无本之基。

（二）有一定数量的组织活动证明

无论是主权国家还是政府间国际组织，其国际法主体资格在一定程度上依赖于国际法上的承认制度。从国际法主体的发展历史来看，国际法主体最初仅包含主权国家，随着国际形势的发展，政府间组织在展现自身作用和功能的过程中慢慢得到国际社会的认可，从而逐步获得国际法主体的地位，这两者都离不开国际法上明示或暗示的承认制度。而时至今日，非政府间国际环保组织也正在经历这一过程。

承认制度是国际法上的重要制度，主要是针对国家、政府以及交战团体、叛乱团体的承认，是针对国际社会出现新政府、新国家的政治、法律的接受行为，并且承认一旦作出便具有了相应的政治和法律后果。[3]有学者认为，承认具有创设国际法主体的效果。[4]也有学者认为，承认制度主要是国家与国家之间关系的确认，对一国的内生条件并无实质影响。[5]笔者更赞同后一

---

〔1〕 孙新昱："论国际非政府组织国际法律人格的承认"，载《山西师大学报》（社会科学版）2009年第6期。

〔2〕［日］大久保规子："环境公益诉讼与行政诉讼的原告适格——欧盟各国的发展情况"，汝思思译，载《交大法学》2015年第4期。

〔3〕 杨泽伟：《国际法》（第三版），高等教育出版社2017年版，第78~80页。

〔4〕 李传感：《国际法》（第四版），中国政法大学出版社2004年版，第60页。

〔5〕 张乃根：《国际法原理》（第二版），复旦大学出版社2012年版，第79~85页。

种观点，一个国家并非因为得不到承认而不存在，只是会缺乏参与国际社会活动的法律基础。这一点与当下的国际非政府组织的地位不谋而合，ENGOs在国际环境保护实践中已经发挥了重要作用，对国际环境法的生成和实施作出了一定贡献，但是由于缺乏相应的法律身份认可制度，导致无法成为国际环境法上的主体。由此，可以借鉴国际法的承认制度，建立非政府组织获得国际法主体资格的承认制度。这并非是通过承认制度使国际非政府环境保护组织获得同主权国家进行全方位平等对话的权利，这种权利仅仅限定在对国际环境的保护方面。

作为环保非政府组织，想要获取国际环境法上的主体地位，并非是仅需要国家的认可即能宣告成立，不同的ENGOs在权利义务能力上存在极大的差异，盲目授予ENGOs以国际环境法主体资格，反而可能干扰到国际环境保护的秩序。因此，要想获得承认，需要ENGOs对自己所拥有权利以及承担义务的能力进行证明。最为有效的手段是审核相应的非政府组织自成立开始到诉求国际法主体地位的期间，所从事的环境保护活动以及从事该活动所产生的积极影响，至少应获得环境改善地区的人民的认可。非政府组织通过正式的活动证明自身致力于国际社会共同利益发展的良善目的以及自身所能承担的权利义务的能力，从而获得国际社会的认可，这是成为国际环境法主体的前提条件。

（三）建立获得国际环境法主体地位的程序和渠道

关于承认非政府组织的国际法地位，在20世纪初期，已经有学者进行研究，比如1923年由国际法研究院牵头编制的《国际协会法律地位公约》（草案），就曾试图通过设置一定的程序，即国际协会通过向一个常设的委员会申请注册，只有批准才会授予特定协会相应的国际法地位，该协会才可拥有一定的参与国际诉讼的权利。但是该想法并未得到主权国家的认同。原因是多方面的，比如该协会自身的条件标准设定问题、委员会的组成以及协会的活动范围等，最为核心的问题是该认可程序是否具有公平正当性，是否能够得到多数国际法主体的认可。作为国际社会新兴的活动参与者，已经有越来越多的国家认可了国际环境非政府组织参与环境保护的身份，但是该身份却存在难以确认的弊端，究其原因是缺乏一定的认可程序。

联合国作为全球最权威的政府间组织，在全球和平与发展事业上作出了突出的贡献，而且联合国的中立地位也使其成为审核环境非政府组织成为国际环境法主体的最佳选择。可以探索建立由联合国会员国会议对非政府组织能否获得国际环境法主体资格进行表决的机制，从而使国际环保非政府组织的主体地位得到国际社会的认可。此外，对于ENGOs取得国际环境法主体地位的后续事项也应加以限制，特别是在该类组织注销、变更之后，相应的主体资格不应发生自然承继，应当重新进行前述的资格审查程序，避免相关权利的滥用。

综上而言，国际非政府环境保护组织成为国际环境法上的主体具有较高的可行性。即在具备一国法律人格的基础上，通过一定量的过往活动获得部分国家对于其所从事国际环境保护活动的认可，并通过获得国际环境法主体地位的承认程序，如通过联合国进行国际环境法主体资格的确认程序，最终取得国际环境法的主体地位。

结　语

对于非政府组织能否成为国际法的主体，目前来看尚无定论。普遍的观点是非政府组织难以承担国际法的权利和义务，不具备相关的能力。但是从实践来看，国际环境法领域已经出现了具有一定行为能力和责任能力的非政府组织，在国际环境保护领域发挥着重要的作用，比如绿色和平组织、世界自然基金会等，在本质上已经具备了国际环境法的主体特征。非政府组织成为国际环境法的主体，对于国际社会的正常秩序并没有损害，既可以在一定程度上规范ENGOs的活动，也能在很大程度上推动国际环境保护事业的发展。而且，对于环保非政府组织而言，是否获得国际环境法的主体地位主要是来自其自己的意愿，并非强制性地一概授予所有的非政府组织以国际环境法主体资格。此外，授予其国际环境法的主体资格，国际非政府组织所能享受的权利和承担的义务也将限定于国际环境保护领域。经过特定程序授予符合一定条件的环境保护非政府间组织以国际环境法的主体地位，使其在国际环境法领域发挥更大的作用，才能更好地推动国际环境法治事业的发展，更好地维护人类共同的家园。

风险预防原则的要素、基础和地位探析

王琴玉

摘　要：快速发展的科学技术为人类带来了许多不可预知的风险，人类已经进入风险社会。风险没有被感知不等于风险不存在，环境问题具有潜伏性、累积性、渐进性，一旦发生可能导致不可逆转的损害。风险预防原则是人类应对这种不确定的环境风险的一项行动指南，即不能以缺乏科学上的确定性为借口，延迟采取或不采取符合成本效益的预防措施。虽然风险预防原则理论仍有待完善，实践仍有待丰富，但基于环境问题的性质和某些环境损害的不可逆转，应肯定其作为国际环境法基本原则的地位。

关键词：国际环境法　风险预防原则　法理基础　基本原则

国际环境法中的风险预防原则，是在国家通过和实施国内及国际法律文件的基础上确立和发展起来的。但是对于风险预防原则是否已经成为国际环境法的一项基本原则，学界仍存在争议。本文梳理了关于风险预防原则的国际环境立法，分析了风险预防原则的含义与法理基础，最后探讨风险预防原则在国际环境法中的地位。

一、风险预防原则的国际环境立法

风险预防原则是在国家通过和实施国内和国际法律文件的基础上确立和

发展起来的，因此，想要准确理解风险预防的法律含义，需要梳理并分析与风险预防原则相关的国际环境条约和软法文件。

（一）风险预防原则的产生

风险预防原则是从国内法吸收借鉴而来的。德国较早地意识到要克服由不确定性带来的弊端，即因不确定性导致行动上的滞后性与环境保护的预防性需要之间的矛盾。联邦德国于 1976 年以 Vorsorgeprizip 为标题提出风险预防思想。1976 年联邦德国议会通过的《空气清洁法》将风险预防原则作为一项基本原则纳入其中，它赋予德国政策制定者在缺乏科学确定性，但又担心出现不可逆转的环境损害时，采取风险预防措施的权力。

（二）风险预防原则在国际环境法中的确立和发展

自 20 世纪 80 年代开始，风险预防原则开始出现在一些保护环境的国际条约、协议和宣言中。风险预防原则首先在区域海洋环境保护领域得到确立。1984 年，第二届国际北海保护会议采纳了德国的建议，会议之后发表的《伦敦宣言》第一次明晰、系统地论述了风险预防思想。[1]1990 年第三届北海保护会议进一步将风险预防原则确立为会议宣言的基础之一。[2] 此外，1990 年《伦敦公约》缔约方会议也提到风险预防原则。[3]同一时期，关于臭氧层保护的国际立法对于确立和传播风险预防理念也具有重要意义。由于担心臭氧层破坏可能导致的经济损失以及使人类致癌和其他有害影响的增加，国际社会 1985 年通过了《保护臭氧层维也纳公约》。该公约在前言中提及了“风险预防措施”，其 1987 年的修正案《关于消耗臭氧层物质的蒙特利尔议定书》在前言中进一步阐述了应当采取的风险预防措施，详细规定了受影响物质的名称和淘汰的时间表。[4]该公约 1990 年的修正案第 1 条也规定，“决心通过

[1] 《伦敦宣言》序言规定，“为保护北海免受最危险物质的有害影响，即使没有绝对明确的科学证据证明因果关系之前也应采取风险预防的措施以控制此类物质的进入，这是必要的”。

[2] “即使没有科学证据能证明因果关系，也将继续适用风险预防原则，采取行动避免持久性的、毒性的和发生生物聚积的物质之潜在影响。”

[3] “在贯彻《伦敦倾废公约》中，当有理由相信引入海洋环境的物质或能量可能导致损害时，各缔约方将以环境保护上的风险预防性的方法为指导，通过采取防止性的措施保护环境，即使没有结论性的证据证明此种引入与其后果之间的因果关系时也应如此。”

[4] 该议定书在当时对于氟氯氢化物与臭氧层破坏的关联仍没有确切科学证据的情况下规定，“缔约方‘决定为保护臭氧层，采取预防性措施，平衡地控制消耗臭氧层物质的全球释放总量’”。

采取风险预防措施”，保护臭氧层。

20 世纪 90 年代是风险预防原则全面发展和落实的一个重要阶段，它被更多的国家理解并接受，其适用范围和领域越来越广。1990 年，来自联合国欧洲经济委员会 34 个成员方的部长同欧共体环境委员会的委员们发表了《关于可持续发展的卑尔根声明》，在其前言中把风险预防原则与可持续发展联系起来。〔1〕同年召开的第二次世界气候会议也在会议声明中指出，将风险预防这一原则引入有助于实现可持续发展。〔2〕将风险预防这一概念同人们普遍认可的可持续发展理念或原则相联系的这种做法，极大地推动了风险预防原则的发展。

1992 年召开的联合国环境与发展会议通过的《里约宣言》，对风险预防原则的确立具有里程碑意义。《里约宣言》原则 15 对风险预防原则进行了经典阐述，“为了保护环境，各国应按照本国的能力，广泛使用预防措施。遇有重大或不可逆转损害的威胁时，不得以缺乏科学充分确实证据为理由，延迟采取符合成本效益的措施防止环境恶化”。同时，这次大会通过的一系列国际条约和软法文件都吸收了风险预防原则，比如《联合国气候变化框架公约》《生物多样性公约》《21 世纪议程》。〔3〕因此，这次会议促使风险预防原则的适用进一步推广到整个环境保护领域。

同一时期，鉴于风险预防原则在区域海洋环境保护领域得到了广泛的接

〔1〕“为实现可持续发展，必须以风险预防原则做出决策。环境措施必须预料、防止和针对环境恶化的原因。当存在严重或不可逆转的损害时，充分的科学确定性的缺乏不应当用作推迟采取措施防止环境恶化的理由。”

〔2〕第二次世界气候大会会议声明指出：“为了实现所有国家的可持续发展，满足当代和后代的需求，针对气候挑战的预防措施必须预见、防止、消除或最小化可能由气候变化引起的环境退化的原因或减少不利后果。果受到严重的不可逆破坏的威胁，缺乏科学的确定性不应该作为延缓采取有效措施以防止环境退化的原因。”

〔3〕《联合国气候变化框架公约》第 3 条规定：“当存在造成严重或不可逆转的损害的威胁时，不应当以科学上没有完全的确定性为理由推迟采取这类措施，同时考虑到应付气候变化的政策和措施应当讲求成本效益，确保以尽可能最低的费用获得全球效益。”《生物多样性公约》在序言中规定：“注意到生物多样性遭受严重减少或损失的威胁时，不应以缺乏充分的科学定论为理由，而推迟采取旨在避免或尽量减轻此种威胁的措施。”《21 世纪议程》第 17.21 段对风险预防原则的规定为：“防止海洋环境的退化需要一种风险预防性的、预料性的而非反应性的方法，这要求采取风险预防性的措施、环境影响评价、清洁生产技艺和循环、废物审计和最少化，建议或垃圾处理设施、处理危险物质的质量管理标准，对来自空气、土地和水的损害影响采取综合的方法。任何管理框架工作必须包括改善海岸的人类居住，对海岸区域经济实行一体化的管理和开发。”

受，奥斯陆和巴黎委员会决定将风险预防原则适用范围进一步推广。1992 年《保护东北大西洋海洋环境公约》确认了风险预防原则，[1]规定了如“事先证明正当程序”“最佳可得技术”，使风险预防原则的适用在一定程度上有了可以运用的具体标准。1992 年《跨界水道和国际湖泊保护和利用公约》、1992 年《保护波罗的海公约》等国际条约都对风险预防原则作了规定。1992 年的欧盟基本法《马斯特里赫特条约》对风险预防原则作出明文规定，该规定被认为是风险预防原则在欧盟的法典化，从而使该原则上升到欧盟宪法的高度。因此，在牛肉—荷尔蒙案件中，[2]欧盟就以风险预防原则已经是欧盟的一项基本原则作为抗辩理由，即为了保护欧盟成员国人体健康和环境目的，风险预防原则必须得到遵守。此外，欧盟委员会于 2000 年公布了《关于风险预防原则的公报》，对风险预防原则作了系统的规定。

2000 年《卡塔赫纳生物安全议定书》从序言到具体条款都始终贯穿了风险预防原则，在其序言中明确提出将转基因生物体生物安全的国际法律建立在风险防范法律原则基础上。在该议定书中，从程序上体现或贯彻风险预防原则的是该议定书第 8~10 条和第 12 条中规定的事前知情同意程序。

此外，在濒危野生动植物的保护上，1973 年《濒危野生动植物种国际贸易公约》也是支持风险预防原则的典型文件。其在《将物种和其他分类单元从附录一和附录二撤销的标准》中规定，“应规定用充分的科学证据来表明该物种或动物能承受取消保护后带来的开发利用”。风险预防原则指导国家是否从附录上删除或降低某一种目前受到保护的物种。《巴马科公约》第 3（g）条在废物处理方面规定了贯彻风险预防原则的具体措施。[3]

---

[1] 该公约第 2 条规定：“当有合理理由关注，直接或者间接引入海洋环境的物质或者能量可能对人类健康带来灾害，危害生物资源和海洋生态系统，损害舒适性或者干扰海洋的其他合法用途，甚至当在输入与后果之间的因果关系没有结论性的证据时，缔约方‘通过采取防止性的措施’运用‘风险预防原则’。”

[2] 在科学证据不足以证明牛肉中的荷尔蒙可能导致荷尔蒙紊乱症的情况下，依据风险预防原则，欧共体发布了关于禁用激素的禁令。美国向 WTO 申诉，认为欧盟的做法没有按照规定进行风险评价。

[3] “每个缔约方无需等待科学的证据，对（废物）污染问题努力采取和贯彻防止性的风险预防性的方法，防止将可能对人类或健康产生危害的物质释放到环境中。缔约方将彼此合作，通过适当清洁生产而非以吸收能力观念为基础的被许可的废物排放方法，采取合适的措施在污染中贯彻风险预防原则。”

二、风险预防原则的核心要素与法理基础

上述相关国际条约和软法文件尽管在文字表述上不尽相同，但是仍然具有共同之处，从而能够确定风险预防原则的含义和核心要素，并可进一步探讨这一原则背后的法理基础。

（一）风险预防原则的含义

尽管风险预防原则得到了上述国际条约和文件的普遍确认，但是这些条约和文件对于该原则的表述却是多种多样的。综合这些表述和学界的观点来看，该原则被广为接受和认同的含义是《里约宣言》原则 15 的表述。有学者对这一原则作了强弱的区分，并将原则 15 的表述作为是强风险预防原则的代表性阐释，而弱风险防范原则的代表性阐释则被认为是出自 1998 年《温斯布莱德声明》。[1]将这一原则进行两分法的学者认为这两者的含义是不同的，含义不同意味着两者在所要采取的措施，国家要履行的义务等方面也存在差异，具体区别主要体现在以下几个方面：（1）两者在风险的严重性上要求不同。前者对风险将会造成的结果的危险性没有过高的要求，而后者则要求风险针对的是严重的、不可逆转的损害威胁；（2）两者对于政府在何种情况下需要采取措施的规定不同。前者要求国际环境法的主体在即使缺少科学确实证据的情形下也必须采取预防措施，后者允许政府在缺乏确实的科学证据时采取相应的措施，在这一方面，强风险预防原则的要求更高，其给国家设置了更高的义务；（3）两者在成本与效益关系上有所不同。前者在采取措施时更倾向于环保主义，认为环境保护至上，所以要不计代价的防治；而后者则要求政府在采取预防措施前，应先从经济学角度出发，进行成本-效益的分析和衡量。[2]

事实上，通过上述阐述可以看出，这两者的本质区别在于规定的严格与否。在此“强”之于“弱”指的是在环境保护的力度上的强弱，可以说强风

〔1〕《温斯布莱德声明》规定：“当一项活动对人类健康和环境产生了威胁时，即使因果关系不能从科学上完全证明，也应当采取预防性的措施。此时，应当由该活动的主张者而不是公众承担相应的举证责任。”

〔2〕 陈海嵩：“风险预防原则理论与实践反思——兼论风险预防原则的核心问题”，载《北方法学》2010 年第 3 期。

险预防原则是一种环保主义的体现，将对环境的保护视为第一要务；而弱风险预防原则的要求没有那么严格。笔者认为后者的出现其实是对前者的一种修正行为，因为过于严苛的规定总是难遂人愿的，只有灵活变通才可以被人们更好地接受，所以强弱的区分在本质上没多大差别。这两者的核心理念是一致的，都是在面对可能产生的风险时，即使存在科学证据上的不充分性，也不能理所当然地成为不采取措施的借口。而对于上述区别中所提到的损害结果的严重性程度，是否可逆，政府是否必须采取措施等问题，都是可以做出弹性解释的。“风险”一词本身便充满了不确定性，所以风险预防原则也是一个抽象的概念，对一个抽象的概念很难给出一个标准的定义。所以学界普遍将强风险预防原则的定义作为权威表述。

（二）风险预防原则的核心要素

通过分析风险预防原则的含义，我们可以看出，不管是强风险预防原则还是弱风险预防原则，其核心理念实质上是相同的，都包含以下三个构成要素。

1. 损害威胁的严重性或不可逆转性

损害威胁的严重性或不可逆转性是对风险标准的要求。对风险标准要求严格与否，决定了这一原则的适用条件严格与否。对风险设置较低的标准，风险的范围就会扩大，这一原则适用的范围也随之扩大，要求各国以更加谨慎的态度评估具有潜在不良影响的行动。强风险预防原则重在保护环境，对风险的标准要求较低，某项行动只要存在具有潜在风险的可能性，就应依照风险预防原则进行规制。比如《保护东北大西洋公约》规定“有充足的证据证明引起了关注”即可开展风险预防。然而，如果过分放低风险标准，对国际法主体施加严格的责任，会使这一原则适用范围过于宽泛，甚至影响人类正常经济行为，阻碍社会发展，同时可能致使各国拒绝承认风险预防原则。因此，多数规定风险预防原则的条约和文件对风险设置了比较严格的标准。最常见的是《里约宣言》所提到的“遇有重大或不可逆转损害的威胁”，众多条约和文件均借鉴了这一规定。

何为重大或不可逆转的损害？目前的法律文件并没有具体解释，国际实践中的标准也并不一致。笔者认为实际上也难以设定统一标准。首先，环境问题具有复杂性，不同环境问题面临的损害风险和风险的威胁程度各不相同。

例如在全球气候变化问题上，国际社会及时地认识到臭氧层破坏可能危及人类健康、全球气候。因此即使当时相关科学证据并不充分，但仍然通过《保护臭氧层维也纳公约》《蒙特利尔议定书》等一系列国际条约，采取了风险预防措施。然而更多的风险是难以被感知的，所以从科技的角度而言，很难制定统一的风险标准。其次，鉴于各国自然环境、经济发展程度的差异，各国面临的风险以及风险承受能力显然存在差别。同时各国科技水平、对环境问题的立场的差异，也会影响对风险的认识与判断。所以为各国设置统一的风险标准难以被广泛接受。因此，针对何为"风险的严重性或不可逆转性"，需要依据风险预防原则适用的领域、涉及国家的国情等实际情况，综合考虑各种因素，进行灵活解释。

2. 科学上的不确定性

风险预防思想的关键就是存在科学不确定性，这也是风险预防原则备受争议的主要原因。当缺乏充足的科学证据证明某种行为的不良后果时，这种情况被认为是存在科学上的不确定性。科学不能完全甚至不能证明某种行为可能会对环境造成不可损害的后果，但基于生存安全和环境保护的需要，仍然可以采取相应的风险预防行动。科学主导的两次工业革命显著地提升了社会生产力，并前所未有地加深了人类对世界的理解，使得人类崇尚并依赖科学。然而诸如核电泄漏等事件的发生，显示科技理性无法应对不断增长的风险。

科学追求精确性标准，但环境保护关系人类生存，以缺乏科学确定性为由滞后实施风险预防措施，相当于把整个人类作为实验对象，可能会导致潜在风险发生不可逆转的损害甚至毁灭性后果。因此，法律目标与科学目标并不完全一致，二者存在一定的区别，不能完全依赖科学家来判断风险是否存在，要突破法律对科学知识严重依赖的局面，承认现代化带来的风险并在法律层面加以应对。[1]

3. 符合成本效益

风险预防原则并不意味着制止人类的一切行为或回归自然状态，因此在具体适用时应当进行成本效益分析。成本效益分析是指当衡量是否必须采取某项行动时，通过对行动的全部成本和全部效益进行比较来做决定，是一种

---

〔1〕［德］乌尔里希·贝克：《风险社会》，张文杰、何博闻译，译林出版社 2018 年版，第 61 页。

经济学的分析方法。但是需要注意，环境保护领域的成本与效益不能局限于经济价值。在评估是否需要实施风险预防措施时，成本是指采取风险预防行动可能需要支出的金钱数额，是科技上、社会资源上消耗成本的货币表现；效益是指实施风险预防措施后可能避免的环境损害导致的损失的价值，包括可能对人类健康、经济发展等各方面造成的损失。风险预防就是要将这种成本支出和效益收入进行对比，以求一个风险中性的结果。

通过成本效益分析衡量何种情况下需要适用风险预防原则，可以使该原则具有可实践性。《里约宣言》原则 15 在鼓励各国践行风险预防原则的同时也强调“应当依据各个国家自身的能力”。尽管环境问题具有系统性、全球性，需要各国共同合作保护环境，但并不等同于各国应当承担相同的义务。例如，在应对全球气候变暖问题上，发达国家与发展中国家应当承担共同但有区别的责任；在海洋环境保护领域，沿海国家应当比内陆国家承担更多的责任。因此，若要将风险预防原则付诸实践，必须进行成本效益分析。各国可以根据自身的科技水平、经济发展水平等实际情况来实施风险预防原则。

（三）风险预防原则的法理基础

风险预防原则的背后蕴藏着深刻的法理基础，即风险社会人类法律理念的更新和价值追求的转变。

1. 法律理念更新：从“无害推定”到“有害推定”

环境法刚刚开始发展的年代，也正是科学技术刚刚兴起的年代，所以在那个时期科技水平是很落后的，人们对于环境问题的认识非常有限，并没有多少数据和研究来表明环境发展所存在的问题和对人类的影响。人类的眼光非常受限，所认为的环境影响往往就是环境破坏所呈现给我们的表象，如排放废气废水带来了酸雨，森林砍伐导致了沙漠化等。只能看到当前某一行为所造成的短期内的危害，而对于某一行为所潜伏的威胁，人们极少关注到。所以在这一时期人们普遍持一种“无害推定”的心态，认为只要不存在明显的对人类生存的威胁，这一行为便被认为是安全的。

随着现代科学的发展，技术的成熟，危险活动的增加，大数据时代的到来，人们对环境风险的认识也开始发生了转变，开始重新审视以往认为是安全的行为，认识到其可能是有害的，开始发觉以往的无害推定是充满风险的，而且这种风险结果很可能是无法挽救的。所以无害推定的理念便不再适用，面对一些具有科学上不确定性的行为，采取审慎的态度是非常必要的，有害推定的理念便应运而生。有害推定考虑到了代际公平，体现了人们所追求的是可持续发展，是环保理念的革新。〔1〕风险预防原则中科学上的不确定性正是体现这一点，是一种对风险有害推定的运用。

2. 价值追求：有序安全

环境问题的出现，使得人们认识到这样一种现实，即环境并不是予取予求的，人类的行为一旦过度，自然环境就会开始“报复”行为，破坏人类的生存秩序。20 世纪中后期人们开始重视环境问题，认识到自身行为对自然界造成的破坏并开始对人类的行为进行反思。人类的行为给自然世界带来的混乱无序并不是人们所希望看到的，生态系统所遭受的破坏人们有目共睹，人类开始尝到自身对自然的过度索求所带来的恶果。传统法律部门都是尊崇人权，即以人的自由为核心，所以人类对自然一直是出于自身利益而肆意索取，而环境法的出现要求人们克制自己的行为，这看上去与人类追求自由的历史趋势背道而驰，但我们应当明确一点，自由不是绝对的，而应当适度。因此，在环境问题日益严重的今天，人们必须以法律手段约束自己的行为，在不违背自然规律的范围内审慎地利用自然，恪守风险预防原则，保持人与自然秩序的和谐。

“风险社会”的出现使人们对安全的需要更加迫切。就风险预防原则对安全的追求而言，它通过将“谨慎”制度化，对人类活动施加一定的限制准则等举措，达到使人类生活在有序、安全的环境之中的目的。因此，风险防范原则体现的是“安全比后悔更好”的思想，有序安全也因此成为风险防范原则追求的法律价值。

三、风险预防原则在国际环境法中的地位

因为风险预防原则所包含的“反科学”性思想，有关其地位，其是否构成国际环境法基本原则的争论从未停止过。实践中，尽管很多国家在国际上或者国内立法上对该原则已经有了一致的认可，然而一旦涉及实际运用，各方的立场又变得极为微妙。著名的“牛肉—荷尔蒙案”中，美国在其国内法中是承认该原则存在价值的，但是涉及国家经济利益时，就呈现出截然不同

---

〔1〕 孟庆垒：“生态文明背景下的环境法理论创新”，载《法学论坛》2007 年第 1 期。

的态度。这在一定程度上反映了风险预防原则的地位仍是一个具有较大争议性的话题。

（一）国际环境法基本原则的含义和要素

国际环境法的基本原则是指被各国公认和接受的、在国际环境法领域具有普遍指导意义的、体现国际环境法特点的、构成国际环境法的基础的一般规则。国际环境法的基本原则应具有以下特点：其一，基本原则是各国公认和接受的法律原则。这种公认和接受可以从条约、国际习惯、司法判例、国际“软法”文件和国内法律实践中找到证据。其二，它们在国际环境法的领域内具有普遍的指导意义，并适用于国际环境法的各个具体领域。国际环境法基本原则贯穿于国际环境法的各个部分。国际环境法中无论是关于防治污染的法律规范，还是关于保护生态环境和自然资源的法律规范，都遵循并体现国际环境法的基本原则。在国际环境法律关系中，国际环境法基本原则为各国规定了基本的行为准则。其三，它们是国际环境法的基础。国际环境法的各种具体法律规范在一定意义上是国际环境法基本原则的具体化。整个国际环境法的体系建立在这些基本原则的基础上。

（二）否认风险预防原则是基本原则的理由

反对者认为风险预防原则自身含义不明，缺乏确定性，难以指导所有的环境领域，同时实践中也没有被世界各国广泛接受，因此否认风险预防原则是国际环境法的基本原则，具体理由如下。

1. 自身含义模糊

现有的涉及风险预防的国际环境法律文件中，对于风险预防的表述并不统一，存在“风险预防原则”“预防措施”“预防办法”等多种措辞。这一点被大多数反对者用作抨击这一原则的依据，对于一个连基本含义都不能明确的概念，很难提及对其地位的考量。反对者们认为这种模糊性的表述只是一国在决策时仅供参考的辅助性框架原则，作为这样一种框架性的规定，认为其根本不具有直接的法律拘束力，不可能给任何主体施加任何义务，也不可能解决现代环境政策制定的难题。比如日本索菲亚大学的村濑信也教授主张，在归纳和总结国际环境法的基本原则时应将“现行法”与“应有法”相区别。他反对将一些含义模糊的概念，如“风险预防原则”同那些可由法院适用并执行的成熟的国际法原则相混淆。[1]

2. 风险预防原则不具有可操作性

虽然众多国际环境法律文件已经确认了风险预防原则，有专门的风险预防条款，但是反对者认为这些条款仅具有宣示性作用，表述并不明确，不具有可实践性。[2]例如对于在何种场合应当采取风险预防原则，风险预防原则可以接受的错误临界值是多少，达到多大风险时才能适用风险预防原则，以及如何合理适用风险预防原则等一系列基本问题，各种文件少有提及或具体进行规范。因此，风险预防原则似乎仅停留在宣示性口号上，而缺乏具体内容，不具有可操作性。

3. 风险预防不具有实际意义

反对者认为风险本身是不确定的，不可能存在一种单一的风险预防以符合环境领域可能出现的所有需求。[3]风险预防原则的后果是不确定的，具有不可预见性。对于这一点，反对者们认为风险问题不可能完全被解决，在现实中，努力减少一种特定的风险的同时，新的风险总是相伴而生。所以风险预防原则的适用也并不能够让我们的生活更安全，其所带来的影响可能比不采取措施带来的影响更为严重。比如人们企图用核电这一新能源来取代火力发电，但由于不知道核电会带来的影响，人们便做了有害推定，贯彻风险预防的理念否定核电，但是在避免核电可能带来的未知损害时，火力发电给大气带来的损害，以及对全球变暖的影响却是清楚可见的；再如，国际社会出于人体健康的考虑，禁止了 DDT 的使用，但是这一行为却造成了第三世界国家痢疾的再次发生。

4. 风险预防原则效力存疑

反对者认为虽然风险预防原则在众多国际环境法律文件中出现，但并不等于它具有强制性效力或代表它被国际社会公认。[4]以《里约宣言》为例，

---

〔1〕 王曦编：《国际环境法》（第二版），法律出版社 2005 年版，第 111 页。

〔2〕 唐双娥：《环境法风险防范原则研究——法律与科学的对话》，高等教育出版社 2004 年版，第 90 页。

〔3〕 Frank. B. Cross. *Paradoxical Perils of the Precautionary Principle. Washingtonand Lee Law Review* 53, 1996, p. 924.

〔4〕 陈海嵩：“风险预防原则理论与实践反思——兼论风险预防原则的核心问题”，载《北方法学》2010 年第 3 期。

反对者们认为该宣言作为宣誓性文本，其中的很多规定容易被人们拔高。作为当时的一个并不成熟的概念——风险预防原则还尚未被国际社会充分了解，因此《里约宣言》中的相关规定能够得出的结论仅仅是一国负有采取措施的道德义务，其并不具有强制性。同时签订的《生物多样性公约》和《气候变化框架公约》也只是对该原则笼统规定，也没有赋予其强制性效力。

（三）承认风险预防原则是基本原则的理由

针对反对者的质疑，支持者从风险预防的含义、立法现状与实践等角度做出了回应，具体理由如下。

1. 内容模糊不等于没有意义

有学者指出，在法律范畴内，存在许多表意不明的原则，如国际法上的征收所涉及的公共利益问题，国内法中的诚信、正当程序、理性人等概念，也都不具有明确的定义。[1]我们所谈的风险预防并没有比这些含义更为模糊，所以不能因为这一原因就否定该原则的意义。对待这些模糊的原则，法院在适用时可以通过解释来加以适用。我们可以认为这样一个概念还需完善，需要进一步界定，但不能仅仅因为其模糊性而从根本上否定了它所存在的意义。就风险预防原则而言，风险是不确定的和难以被感知的，所以内容模糊实际上符合风险的特征。

2. 风险预防需要系统性思维

针对反对者们所提出的对于一种风险的避免往往会带来新的风险这一问题，支持者认为对所有风险需要进行全盘考虑。[2]环境问题具有整体性、关联性，因此环境风险超越了国家、地域的界限。在风险获取承认的道路上，我们需要打破典型的局部误诊观念。风险是一个长周期的问题，它受系统的制约，不可能在局部层次上得到缓解。这也是风险预防原则的一个核心要素，即主张进行成本效益分析。风险预防的本质便是防范风险，通过成本效益分析，至少能使得行为的结果是风险中性的。

3. 风险预防与科学不是绝对对立

针对反对者认为风险预防不具有可操作性这一问题，支持者认为风险预

〔1〕 徐莹："风险预防原则的国际法律地位"，华东政法大学2018年硕士学位论文，第27页。

〔2〕 胡斌："试论国际环境法中的风险预防原则"，载《环境保护》2002年第6期。

防不等于消极不行动。[1]风险预防原则并不排斥科学在环境法中的作用。如何推测风险的存在，仍然是建立在一定的科学基础上。只是这种科学认知尚不能完全确认，而风险预防原则为科学不确定情况下的人类活动提供行动指导与规范。当科学对某一环境风险有了确定性的认识后，这时采取的措施便不再是风险防范性的，而是防止性的。因此，风险预防原则会在一定的条件下转换为防止原则，但这种界限并不明确。这就要求制定出具有充分弹性的文件，以便能够容纳当科学证据变得清晰时所发生的变化，这可能也是环境法发展的一个新趋势。

4. 国际实践的支持

支持者们认为风险预防原则已经有不少国际实践的支持。[2]《里约宣言》的通过已经标志着风险预防原则在国际法上得到了充分的肯定。在国际社会中，有许多包含有风险预防原则的国际条约先后通过和实施，而这些条约是缔约国之间经过谈判、签署和批准才生效的，这都在一定程度上表明很多国家对风险预防原则的接受。著名学者菲利普·桑兹认为："风险预防原则的法律地位处于不断进化之中。从已有的国家实践便可以看出该原则的地位至少已经得到了最小程度的证明，《里约宣言》《气候变化框架公约》和《生物多样性公约》等文件的阐述可知该原则已经获得足够的广泛的支持，从而可以做出该原则已经反映了其可以作为一项习惯国际法规则的判断。"[3]

（四）风险预防原则应当成为国际环境法的基本原则

结合上文对风险预防原则理论与实践的分析，笔者认为风险预防原则已经具备成为国际环境法基本原则的条件。

第一，从相关法律文件涉及的领域来看，风险预防原则几乎在国际环境法各个领域的法律文件中都有所体现，如气候保护、生物多样性保护、海洋环境保护等方面。风险预防原则已经成为国际环境法的一项指导原则。

---

〔1〕 陈海嵩："风险预防原则理论与实践反思——兼论风险预防原则的核心问题"，载《北方法学》2010年第3期。

〔2〕 唐双娥：《环境法风险防范原则研究——法律与科学的对话》，高等教育出版社2004年版，第89页。

〔3〕 James Cameron and Juli Abouchar, *The Status of the Precautionary Principle*, *in David Freestone and Ellen Hey* (*eds*), *The Precautionary Principle and International Law—The Challenge of Implementation*, *Kluwer Law International*, 1996, P37.

第二，从相关法律文件效力覆盖的国家来看，一方面加入国际环境条约的国家众多，这些国家自然受到风险预防原则的规范。另一方面许多国家在国内立法中也确立了风险预防原则，比如德国、瑞士等欧洲国家在20世纪70年代就引入了风险预防的理念，其后更是将其视为环境问题处理的准则。美国、澳大利亚等国都在立法中引入了这一概念。因此，风险预防原则已经是被众多国家接受的法律原则。

第三，从风险预防原则的司法实践来看，国际、国内均有相关案例。就国际司法判例而言，已经解决的新西兰核试验案、南方蓝鳍金枪鱼案、MOX核废料加工厂案中，原告方都引用了风险预防原则，都肯定了风险预防作为环境保护措施的重要意义，肯定了其在国际环境法上所发挥的越来越重要的作用。欧盟、美国、澳大利亚等国，在司法审判中也经常将其作为判案的原则。因此，风险预防原则在实践中已经具有一定的国际基础。

第四，从现代社会的特点来看，现代社会是一个风险社会，不承认风险可能让风险发展得更快，而风险一旦出现，意味着大规模破坏，以至于其后的补救行动都将无济于事。风险意识的核心不在当下，而在未来。对于不能被感知的风险，树立风险意识尤为重要。因此，基于风险的潜在性与结果严重性，笔者认为应肯定风险预防原则作为国际环境法基本原则的地位，这也符合风险伴随现代化进程产生与发展的特质。

第五，从法学家的观点来看，许多著名国际法学家，比如欧盟环境法主席亚历山大·基斯和我国王曦教授在各自的国际环境法著作中，都将风险预防原则列为国际环境法的基本原则之一。[1]

但是，风险预防原则仍处在发展阶段。同国际环境法的其他被大多数学者认同的基本原则相比，风险预防原则作为国际环境法的基本原则并未受到广泛认同。风险预防原则被各国公认和接受的证据可能并不充足。在实践层面，风险预防原则的司法实践整体而言数量较少，不具有普遍性。因此，应当承认风险预防原则仍然需要继续完善与发展。

四、结语

环境问题具有潜伏性、累积性、渐进性，而且一旦发生，其后果具有广

---

〔1〕 王曦编著：《国际环境法》（第二版），法律出版社2005年版，第113页。

泛性、长期性、不可逆转性。当下看似正当的行为可能蕴藏着巨大的环境风险，风险一旦显现或转化为现实的损害，其结果可能是人类无法承受的。因此在缺乏科学确定性的场合，需要确立风险预防原则作为行动指南。关于风险预防原则的权威含义是《里约宣言》原则 15 的表述，学者对其有强风险预防和弱风险预防这种两分法。风险预防原则的核心要素是损害威胁的严重性或不可逆转性、科学上的不确定性、符合成本效益，其法理基础是有害推定的法律理念，以及有序安全的价值追求。风险预防原则自身含义不明，缺乏确定性，难以指导所有的环境领域，实践中也没有被世界各国广泛接受。然而国际环境问题涉及全人类共同利益，应当确立风险预防原则作为国际环境法基本原则的地位。风险预防原则已经在国际环境法律文件和实践中有所体现，已初步具备成为基本原则的条件。但其理论基础仍有待完善，实践应用仍有待继续发展。

共同但有区别的责任原则的体系化分析

郁濠臣

摘　要：全球环境问题不仅影响各国的可持续发展，甚至危及全人类的生存，需要各国共同努力予以应对和解决。基于各国的发展状况以及在历史上对全球环境问题的影响不同，国际环境法确立了一项公平、合理分配各国全球环境保护义务和责任的基本原则——共同但有区别的责任原则。该原则的形成与发展有其历史必然性，但是在实施过程中也出现了许多困境，包括发达国家对发展中国家的资金援助、技术支持义务和承诺不能落实等。我国作为发展中国家，应当加强与发达国家的合作，健全技术支持和资金援助的法律制度，明确有区别的责任的标准，设立保障公约实施的监管机制，以克服共同但有区别的责任原则在实施过程中出现的困境，促使发达国家有效地贯彻该原则，同时鼓励其他发展中国家加强与发达国家的合作。

关键词：共同责任　有区别的责任　资金援助　技术支持

地球是人类赖以生存的家园，但是由于近几个世纪以来人类过度的利用，地球的环境也遭受了巨大的破坏。世界各国都意识到了环境保护的急迫性，承担起了保护环境的义务。然而在具体履行全球环境保护义务以及承担各自相应的责任方面，发达国家与发展中国家之间存在着很大的矛盾和分歧。为了解决这一矛盾，基于国际分配正义的理念，国际环境法发展出了一项原则，即“共同但有区别的责任”原则。本文将通过阐述共同但有区别的责任原则的形成、内涵以及该原则在国际环境条约中的实施情况，分析其发展困境并提出克服困境的建议。

一、共同但有区别的责任原则的形成

任何一个法律原则的存在都有其合理性和正当性，从萌芽到形成、最终确立都需要一个过程，共同但有区别的责任原则也是如此。

（一）共同但有区别的责任原则的国际背景

从18世纪工业革命开始，随着社会生产力的提升，人类对资源的利用和消耗越来越多，对地球环境造成的压力也越来越大。随着工业革命影响的扩大、第二次世界大战之后各国的重建，工业生产、资源开发、贸易往来等活动对全球环境产生了巨大的影响，环境污染和生态破坏的问题开始出现。[1] 20世纪60年代，公众越来越强烈地认识到生物圈面临的危险，如臭氧层空洞、温室气体的排放、危险废物的跨境转移、跨界河流污染等。环境问题的解决变得刻不容缓，地球生态系统是一个整体，全球环境问题危及全人类和各国的共同利益，因此世界上各个国家和地区都应当投入到保护环境的事业中来。为了解决全球性环境问题，当前最有效的办法就是各国之间缔结全球性环境条约，以明确各国应当承担的责任和义务。但是各国究竟应当承担多大的责任？由谁来承担主要的责任？对此各国基于各自利益的考虑，纷纷提出了各自不同的主张，经过相互妥协达成一定程度的共识，即共同但有区别的责任原则。

（二）共同但有区别的责任原则的确立

在20世纪70年代前后通过的一些关于全球环境保护的国际性文件中，能够隐约找到“共同但有区别的责任原则”的影子。例如，1972年《世界遗产公约》的序言指出，一些文化遗产和自然遗产在世界发展进程中具有突出代表性，因此我们应当将其作为世界遗产的一部分加以保护和保存，以维护全人类的共同利益。1972年联合国《人类环境宣言》原则12规定，想要保

〔1〕 黄锡生、曾文革：《国际环境法新论》，重庆大学出版社2005年版，第5页。

护人类共同的家园，我们需要共同筹集资金来应对全球环境问题，但是也应当考虑发展中国家的特殊情况，在经济上和技术上给予最大程度的援助。《人类环境宣言》关于这一原则的规定第一次体现了国际社会对发展中国家提供特殊待遇的理念，是“共同但有区别的责任原则”的萌芽。[1]而1987年出台的关于消耗臭氧层物质的《蒙特利尔议定书》[2]则是将共同但有区别的责任原则加以系统贯彻和执行的第一个国际条约。《蒙特利尔议定书》不仅在序言中规定了对发展中国家给予特殊的资金和技术援助，而且还在具体的制度设计和实施过程中对发达国家和发展中国家需要承担的义务进行区别规定，比如放宽了发展中国家履行条约的时间，相较发达国家，发展中国家有一个十年的缓冲期，发达国家对发展中国家有提供资金支持和技术支持的义务，用以保障履行条约规定的义务。这些规定在国际环境法发展史上有开创意义。1992年《里约环境与发展宣言》原则7明确规定，造成全球环境恶化的原因各种各样，世界各国对此应当承担共同但有区别的责任。1992年《联合国气候变化框架公约》（以下简称《气候变化框架公约》）首次明文规定共同但有区别的责任原则，[3]此后通过的国际环境条约普遍将该原则载入其中。[4]

二、共同但有区别的责任原则的内涵

共同但有区别的责任原则的形成和发展过程较为曲折，国际社会也尚未一致认可该原则，对共同责任和有区别的责任的理解以及两者之间关系的理解依然存在分歧。究竟应当如何处理发达国家和发展中国家在国际环境保护领域的责任分配问题，是国际环境法的发展和实施面临的关键问题，因此，

---

〔1〕 边永民：“论共同但有区别的责任原则在国际环境法中的地位”，载《暨南学报》（哲学社会科学版）2007年第4期。

〔2〕 蒙特利尔议定书全名为《蒙特利尔破坏臭氧层物质管制议定书》（Montreal Protocol on Substances that Deplete the Ozone Layer），是联合国为了避免工业产品中的氟氯碳化物对地球臭氧层继续造成恶化及损害，承续1985年《保护臭氧层维也纳公约》的原则，于1987年9月16日邀请所属26个会员国在加拿大蒙特利尔签署的全球性环境公约。该公约自1989年1月1日起生效。

〔3〕《气候变化框架公约》为应对未来数十年的气候变化设定了减排进程：该公约建立了一个长效机制，使政府间报告各自的温室气体排放和气候变化情况，此信息将定期检讨以追踪公约的执行进度。

〔4〕 参见《气候变化框架公约》的序言、第3条和第4条，《京都议定书》第10条，《斯德哥尔摩公约》序言的规定。

笔者将在下文对该原则的内涵进行阐述和分析。

（一）共同但有区别的责任原则的含义

斯德哥尔摩联合国人类环境会议被认为是国际环境法产生并发展的源头，这次会议颠覆了人类对环境保护问题的传统认识，国际社会开始认识到臭氧层破坏、土地荒漠化、全球气候变暖等环境问题不是仅仅对某一国家或者地区有影响的环境问题，这些问题将会影响全人类的生存与发展，因此世界各国应当团结一致，共同应对全球环境恶化。但是这并不意味着所有国家和地区在环境保护的责任承担上是一致的，考虑到各国发展的差异性以及环境问题的复杂性，国际环境保护的责任承担应当有所区别，使每一个国家和地区都尽己所能、积极主动地参与到国际环境保护事业中。因此，共同但有区别的责任原则包括两个层面的含义，由两部分组成。一方面，该原则要求各国对地球环境进行全面保护，即共同责任；另一方面，由于世界各国的不同情况，在承担国际环境保护的责任方面应当进行区别对待，即有区别的责任。[1]

1. 共同责任的含义

共同但有区别的责任原则首先强调各国保护地球环境这一责任的共同性。由于地球生态系统是一个整体，因此每一个国家都对保护地球生态环境负有责任。[2]地球的生态环境与人类的生存、发展息息相关，保护全球生态环境不会因为地区或者文化的差异而有所不同，它是全人类共同的责任。共同责任要求所有国家和地区保护地球的环境和生态系统，不管能力强弱。《21世纪议程》在第四部分关于资源合理利用与环境保护的规定中指出，国际环境保护是全人类面对的共同挑战，但是由于发达国家和发展中国家所代表的利益不同，因此在国际环境保护的责任承担方面存在很大的分歧；就现有的国家环境保护公约、文件来看，发展中国家由于自身发展的局限性，在国际环境保护领域的参与程度以及贡献程度过低。但是国际环境保护不仅仅是发达国家需要关注的，是世界上每一个国家和地区都需要关切的问题，因此在国际环境保护公约、文件的制定和实施方面应当充分考虑到发展中国家的特殊利益，协调好发展与环境保护的利益冲突。

---

〔1〕 王曦编著：《国际环境法》（第二版），法律出版社2005年版，第108页。

〔2〕 吕忠梅：《环境法新视野》，中国政法大学出版社2000年版，第175页。

2. 有区别的责任的含义

有区别的责任是指由于历史的或者经济发展上的原因，发达国家和发展中国家在保护全球环境上应当承担不同的责任，发达国家应当在国际环境保护领域承担更大、更多的责任，并且应对发展中国家履行国际环境保护的义务予以帮助。在环境国际合作中，有区别的责任是指依据各个国家的不同情况要求其承担各不相同的责任。有区别的责任是国际公平正义的体现，也有助于各国更好地履行国际环境义务。有区别的责任主要体现在四个方面：对发展中国家的资金援助、技术援助、能力建设以及义务减免。〔1〕

(1) 资金援助。

资金援助是指发达国家为了实现条约的目标，预先确定标准和程序，并筹集和分配融资来协助发展中国家履行条约义务的规则。全球环境条约对发展中国家资金机制的建立，《人类环境宣言》原则 12 功不可没，它强调了对发展中国家提供财政和技术援助的重要性。全球环境条约的资金机制，集中体现了发达国家和其他国际行为体对发展中国家的资金援助。〔2〕根据共同但有区别的责任原则，发达国家缔约方应当为发展中国家提供资金上的援助来帮助发展中国家更好地履行公约规定的义务。当然进行资金援助的出资方不一定都是发达国家，发展中国家、国际组织、私人部门等都可以提供捐资、赠款等，都能够成为资金援助的主体。

在国际环境条约中，资金援助的建立以及运作一般采用两种模式，一种是设立一个专门的多边或者特别基金，另一种是通过全球环境基金、世界银行等综合的融资机制。相应的资金的运作包括专门实体和综合性的实体。专门实体是指为某一全球环境条约的实施而专门设置的实体，比如《世界遗产公约》设立的专门实体——世界遗产基金；综合性的实体是指同时为多个全球环境条约提供资金援助和服务的实体，比如目前世界上最大的环保基金——全球环境基金。建立和运作资金机制需要根据各国不同的情况，协调各国的利益，同时还需要在组织和实体两方面完善全球环境治理资金机制。

〔1〕 何艳梅："全球环境条约对发展中国家激励机制的实证分析与比较"，载《武大国际法评论》2014 年第 2 期。

〔2〕 何艳梅："全球环境条约对发展中国家激励机制的实证分析与比较"，载《武大国际法评论》2014 年第 2 期。

（2）技术支持。

技术支持是指发达国家对发展中国家在技术上提供援助或者给予技术优惠。要想实现全球环境条约的目标，缔约国之间针对绿色环保技术的转让与提供是不可或缺的，因为全球环境问题的成因和解决途径多元，技术是其中重要的一方面。1972 年《人类环境宣言》原则 12 强调了对发展中国家提供技术支持的重要性。《世界遗产公约》之下的世界遗产基金以及世界遗产委员会为发展中国家提供技术援助。《蒙特利尔议定书》对进行技术支持的形式等内容进行了详细的规定，例如第 5 条规定，各发达国家缔约国应当尽自己的全力为发展中国家提供技术支持，并在发展中国家取得技术之后辅助其更好地运用这些技术。[1]之后，《气候变化框架公约》《粮食和农业植物遗传资源国际条约》等全球环境条约以及其修正案都对发达国家应当如何为发展中国家提供技术援助、技术支持以及优惠条件进行了规定。[2]而且从条款安排上来看，技术支持与资金机制往往紧密相连。比如，《蒙特利尔议定书》的《伦敦修正案》第 10 条明确规定设立多边基金及其他资金机制，第 10A 就明确规定了技术支持事宜；之后通过的全球环境条约，几乎都同时规定了资金机制与技术援助或转让事宜，并将两者联系起来。[3]

（3）能力建设。

能力建设在《21 世纪议程》第三十七章被定义为，发展一个国家的人的、科学的、技术的、组织的、机构的和资源等各方面的能力。本文的能力建设是指通过适当方法，提高发展中国家履约能力的措施。为了能够履行条约义务，缔约方需要适当的组织机制和机构，受到良好培训的人力资源，充分的资金，能够获得相关的信息，以及拥有其他方面的能力，尤其是对发展中国家而言。因此，全球环境条约需要促进发展中国家开展履约的能力建设。

虽然“能力建设”这一概念的出现始自《21 世纪议程》，但是在《人类环境宣言》中就有能力建设的相关规定。例如，该宣言原则 20 明文规定，必

〔1〕 参见《蒙特利尔议定书》第 5 条和第 10A 条的规定。

〔2〕 参见《气候变化框架公约》第 4 条第 5 款、《生物多样性公约》第 5 款、《名古屋议定书》第 23 条、《防治荒漠化公约》第 18 条、《斯德哥尔摩公约》第 12 条、《粮食和农业植物遗传资源国际条约》第 8 条的规定。

〔3〕 何艳梅：“全球环境条约对发展中国家激励机制的实证分析与比较”，载《武大国际法评论》2014 年第 2 期。

须采取一切措施刺激发展中国家从事国内、国际环境保护方面的科学研究以及科学发展，积极开展最新的科研成果及经验的跨国交流，使发展中国家获得环境友好的工艺。这其实是强调了对发展中国家开展相关能力建设的重要性。《世界遗产公约》之下的世界遗产基金和世界遗产委员会将能力建设作为援助的形式之一，具体是指科技研究、人才培训等能力建设事宜。《蒙特利尔议定书》下设的多边基金也为能力建设提供资金支持，例如信息交流、技术分享等活动，这些活动都属于能力建设的事项范围。[1]20世纪90年代以来通过的全球环境条约，比如《京都议定书》《斯德哥尔摩公约》《生物多样性公约》更为重视能力建设，往往专门规定促进发展中国家的能力建设事宜。[2]

(4) 义务减免。

义务减免是指发达国家缔约方承担特定的条约义务，而发展中国家缔约方则根据自身履约能力减少或者免除其履行公约的义务。这些义务既包括含有实质性内容的义务，也包括提交报告、提供信息等程序性义务。

《蒙特利尔议定书》和《京都议定书》是对义务减免进行规定的典型条约。《蒙特利尔议定书》对发展中国家履行条约义务规定了十年的缓冲期。该议定书第五条对此进行了详细的规定，在本议定书对发展中国家缔约国生效之日起十年之内，该缔约国如果能够将每年的物质消费控制在一定数量以下，并且能够满足国内的基本需求，该缔约的发展中国家可以就议定书的第二条第一款到第四款规定的义务享有十年的延缓期。《京都议定书》规定了发达国家需要承担温室气体强制性减排的义务，对2012年前发达国家应当承担的需要减排的温室气体的种类、减排温室气体的时间安排以及减排额度作出了详细的规定，相反，缔约的发展中国家则无须承担此种义务。《京都议定书》的这项规定以相对极端的方式贯彻落实了《气候变化框架公约》规定的共同但有区别的责任原则。

---

[1] 参见《蒙特利尔议定书》第10条的规定。

[2] 《京都议定书》第10条规定，在国际合作上，应当利用好现有的机构，加快起草和实施教育、培训方案的步伐，发展中国家应当重点培养交流、派遣方面的人才。《斯德哥尔摩公约》就发展中国家应当增强技术研究、开发以及环境监测等方面的能力作出规定。《生物多样性公约》专门规定了发达国家应当帮助发展中国家国进行技术培训、开展科技合作等。

（二）共同但有区别的责任原则的合理性

共同但有区别的责任原则具有相当的合理性，无论是从历史的角度、现实治理能力的角度，还是公平正义的角度、可持续发展的角度。

1. 从历史的角度分析

过度砍伐、城市化等环境问题在工业革命之前就已经存在，只是当时这些环境问题没有那么突出；工业革命时期，经济社会快速发展，社会劳作方式发生了由手工劳动到机械劳动的根本性改变，工业化国家为了工业发展的需要，忽略资源的再生长周期，进行大规模的资源开采和开发，造成了严重的环境污染和生态破坏。从历史的角度出发，发达国家在资源的消耗和污染物的排放量上都远远超过发展中国家。据有关数据显示，发达国家温室气体的排放量是发展中国家的三倍，重金属产品的消耗量是发展中国家的九倍，所有的太空垃圾都是发达国家产生的，而发达国家的人口仅占世界的四分之一。[1]虽然发达国家如今已经完成了重污染的工业化快速发展时期，但是发达国家的资源消耗和污染物排放依旧远超发展中国家。某国际研究所曾对世界上几个有代表性的地区做过调查，调查显示人口基数远小于发展中国家的欧美等大国，其国民生产总值和二氧化碳等温室气体的排放量呈直线上升趋势。[2]依据污染者付费的原则，[3]发达国家理应在国际环境保护领域承担更多的责任。

2. 从现实治理能力角度分析

从处理环境问题的能力来看，要求发达国家与发展中国家承担相同的污染治理责任是不合理的。随着经济全球化的发展，世界经济一直保持着一定的增长速度，但是经济全球化并没有缩小发达国家与发展中国家的差距，反而使差距变得越来越明显。发达国家在先进技术以及经济实力上都占有很大的优势。联合国相关资料显示，发达国家拥有全球国民生产总值的90%，全球专利权的97%。[4]与发达国家的情况相比较，发展中国家不管在先进技术

〔1〕 李耀芳：《国际环境法缘起》，中山大学出版社2002年版，第40页。

〔2〕 张坤明：《可持续发展论》，中国环境科学出版社1997年版，第446页。

〔3〕 该原则的核心是要求所有的污染者都必须为其造成的污染直接或者间接支付费用。目前，这个原则是国际环境法普遍公认的原则。

〔4〕 金鑫编著：《世界问题报告》，中国社会科学出版社2002年版，第339~346页。

还是经济实力上都远不及发达国家，让发展中国家承担与发达国家相同的环境治理责任是不合理也是不科学的。发展中国家当前的主要任务是经济发展，如何让其不顾自身的发展而投身于环境保护中？发展中国家又怎么会高效地履行国际环境条约中规定的义务？要想激励发展中国家参与到全球环境保护中去，不仅要考虑发展中国家的特殊性，还应当为发展中国家履行公约规定的义务提供帮助，以最大程度地实现国际环境公约的宗旨。

3. 从公平正义角度分析

古希腊哲学家亚里士多德曾对何谓公平正义做出过解释，他认为公平不是平等地对待所有人，而应当是依据每个人不同的情况给予不同的待遇。[1]公平正义一直以来都是人类社会的价值取向，是现代法治的基本追求。环境保护领域的公平正义是指地球上的每一个国家和地区都享有勘探、开发地球资源的权利，都应当为维护地球环境奉献一份力。但是这里所指的公平正义不是完全的平等，而是要求在责任分配和义务承担上充分考虑各国的利益，明确发达国家与发展中国家的差距，甚至依据过错责任的原则，使各个国家和地区承担与其历史上的过错相对应的责任，来实现人类社会的可持续发展。

公平正义理念在共同但有区别的责任原则中应当被这样理解：世界上各个国家和地区不论大小、强弱，都享有平等地使用资源和可持续发展的权利，他们之间都是平等、公正的；权利和义务的分配既要对发达国家进行强制性的限制，也要考虑发展中国家和欠发达国家的基本需要；在处理环境污染和生态破坏的问题上，也应当依据权利义务相一致的原则进行责任的分配，这样才更有利于环境问题的解决。[2]

4. 从可持续发展角度分析

1989 年联合国环境规划署通过的《关于可持续发展的声明》指出，可持续发展不仅要满足当代人类的需要，而且还不能影响子孙后代享受良好环境的权利。该声明还指出可持续发展不能侵犯别国的主权。[3]可持续发展既指代际公平，也指代内公平，其中代内公平是指同一个时代的人都有平等地享受和利用环境的权利。对于环境问题，发展中国家和发达国家的认识各不相

[1] 苗力田编著：《亚里士多德全集》第八卷，中国人民大学出版社 1994 年版，第 295 页。
[2] 徐祥民、孟庆垒等：《国家环境法基本原则研究》，中国环境科学出版社 2008 年版，第 294 页。
[3] 林灿铃等：《国际环境法的产生与发展》，人民法院出版社 2006 版，第 116 页。

同，发展中国家由于受到发展的限制，认为环境问题的解决是为了实现代内公平，而发达国家则认为环境问题的解决将有利于代际公平和人类的可持续发展。

代内公平要求世界上任何国家和地区都不能牺牲其他国家和地区的利益来促进本国的发展。一直以来，发达国家都依仗自己的霸权，掠夺和剥削发展中国家的自然资源，导致其资源日益匮乏，严重影响本国的发展。美国曾就可持续发展出台的一份战略性文件指出："富国存在于这个地球上本来就有其自身的优势，就不应当再将自己的魔爪伸向属于发展中国家的资源。"[1]因此，我们可以将代内公平理解为要求发达国家与发展中国家在应对全球环境问题上承担共同的但是有区别的责任。

三、共同但有区别的责任原则的运用

共同但有区别的责任原则在不同国际环境公约中的运用情况有很大差别，下文主要对《蒙特利尔议定书》《气候变化框架公约》和《京都议定书》这三个全球环境条约就共同但有区别的责任原则的运用情况进行阐述和分析。

（一）在《蒙特利尔议定书》中的运用

《蒙特利尔议定书》是迄今为止实施效果最好的一个全球环境条约，主要体现为，一是接受和加入该议定书的成员国共有一百四十二个，该议定书具有普遍适用性；二是为保护臭氧层作出巨大的贡献，具有广泛实践性。各缔约国在签订该公约后通过法律、经济、技术等各项措施，积极削减消耗臭氧层物质的生产和使用，目前已经基本停止了这种物质的生产和使用。议定书中设立了多边基金，其任务是促进对发展中国家的资金援助和技术支持，该基金的成功运作为发展中国家履行削减义务起到了巨大的作用。世界气象组织和联合国环境规划署在日内瓦发布的报告称："平流层中消耗臭氧层物质的含量正在缓慢降低，如果各国继续按照议定书淘汰剩余消耗臭氧层物质，臭氧层可早于 2065 年恢复到上世纪 80 年代的水平。"这一报告再次印证了《蒙特利尔议定书》是贯彻执行共同但有区别的责任原则的典范，同时也展现共同但有区别的责任的实效性，使得发达国家更有信心来严格履行共同但有区

[1] 汪劲：《地方立法的可持续发展评估：原则、制度与方法》，北京大学出版 2006 年版，第 11 页。

别的责任，积极承担其应负担的比发展中国家更大、更多的责任。

（二）在《气候变化框架公约》中的运用

《气候变化框架公约》充分考虑发展中国家的特殊利益，共同但有区别的责任原则在公约中得到了广泛和深入的运用，具体表现在：一方面，《气候变化框架公约》第3条第1款规定，各个条约的缔约国应当在公平的基础上承担各自共同但有区别的责任和义务，共同为维护人类的气候系统做出贡献。基于此，发达国家缔约方理应更加积极地应对气候变化极其不利的影响。[1] 另一方面，《气候变化框架公约》第4条第3-7款就发达国家缔约国对发展中国家缔约国提供资金援助和技术支持进行了明文规定，发达缔约国应当尽自己的所能为发展中国家提供资金以及技术上的支持，以协助发展中国家更高效地履行公约规定的义务。[2]

但是，该公约本身仍然存在一定的缺陷。该公约只对资金和技术援助等进行了原则性的规定，而没有具体的法律规则。该公约没有对具体履约的形式以及履约的时间作出规定。例如该公约第4条第2款（a）项只规定了缔约国在应对全球气候变暖等环境问题时，应当制定相应的国家政策和措施，但是却没有进一步规定究竟应当采取何种措施，如何实施等。此外，该公约也没有对资金援助中的资金来源做出明确规定，资金援助和技术支持都只停留在了制度层面，没有具体的实施细则。总而言之，该公约的框架性使其缺乏对缔约国强制性的约束作用。[3]

（三）在《京都议定书》中的运用

作为贯彻共同但有区别的责任原则的典型条约的《京都议定书》在签订之后，某些发达国家及时采取了一些措施，履行议定书中规定的义务。比如欧盟一直在国际环境保护领域发挥重要作用，为了保证《京都议定书》的顺利实施，欧盟根据议定书附件的规定，在成员国内部达成了一个减排分担的协议，通过这个协议将减排任务分配给各个成员国。同时，欧盟还出台了许

〔1〕 金瑞林、汪劲：《20世纪环境法学研究评述》，北京大学出版社2003年版，第317页。

〔2〕 ［法］亚历山大·基斯：《国际环境法》，张若思译，法律出版社2000年版，第115页。

〔3〕 杨兴：《气候变化框架公约研究——国际法与比较法的视角》，中国法制出版社2007年版，第60页。

多减排的政策和法律。另一方面，国际实践表明，一些发达国家依旧不能自觉地履行公约的义务。以地球上温室气体排放量长期以来最大的国家——美国为例。美国一直没有加入《京都议定书》，对于全球环境保护的严峻性没有表现出自己作为一个超级大国所应有的态度，这也导致另外一些发达国家效仿美国的做法，对温室气体的减排任务消极懈怠，同时也不履行向发展中缔约国转让环境友好技术以及提供资金支持的义务。这与议定书的宗旨相违背，也不是国际社会希望看到的结局。

因此，《京都议定书》的实施效果不容乐观，该议定书仅仅规定了发达国家和经济转型国家到2012年的温室气体减排指标，后来通过协议确定了2012~2020年的减排指标；同时它只规范了目前全球30%的温室气体排放量，当发展中国家的排放量逐年上涨后，它的可控制比率还将逐渐缩减。不过2020年《京都议定书》到期后，2015年缔结并于2016年生效的《气候变化巴黎协定》将继续约束缔约国的减排行动，给予国际社会新的期望。

四、共同但有区别的责任原则的实施困境

资金援助、技术支持和能力建设三大机制是在国际环境法中落实共同但有区别的责任原则的关键。[1]在共同但有区别的责任原则的运用过程中，资金援助和技术支持是提高运用效率的关键，也只有完成了资金援助和技术支持这两项任务，能力建设问题才能解决，也将决定发展中国家是否能够履行公约规定的义务。发达国家是否自觉为发展中国家提供资金和技术支持在很大程度上决定着发展中国家的履约程度，但是，在实际运用过程中，资金援助机制和技术援助机制出现了很多问题。由于各国的利益不同，各国的国情也不尽相同，因此对于共同但有区别的责任原则的认识也不同，在如何运用该原则上各持己见，分歧严重，影响环境保护目标的实现。

（一）技术支持方面

技术支持是共同但有区别的责任原则得到有效实施的重要手段。但是由于受到经济利益的影响，发达国家往往不愿意给发展中国家提供技术支持。

〔1〕 韩颖达："国际环境法的立法趋势"，参见张乃根主编：《当代国际法研究：21世纪的中国与国际法》，上海人民出版社2002年版，第392页。

发达国家通过严格限制提供技术支持的种类或内容的方式，拒绝向发展中国家提供技术援助。此外，有的发达国家在进行技术转让时，附加不合理的条件或者故意提高转让先进技术的价格，而发展中国家基于履约的需要，不得不接受发达国家不合理的要求。这些做法严重打击发展中国家履行国际环境条约的积极性，致使国际环境条约的目标难以达成，地球环境恶化的问题得不到改善。

（二）资金援助方面

虽然《气候变化框架公约》中规定的资金机制对发达国家向发展中国家提供履约资金作出了原则规定，但是由于资金机制缺乏强制力，许多发达国家违背其最初作出的出资承诺，对此发展中国家也无从寻求帮助，因此发展中国家的履约能力大打折扣。在实践中，发达国家对提供资金和技术支持的类型以及具体数额进行了严格的规定，使得发展中国家的企业很难达到发达国家要求达到的水平，因此环境友好技术以及公约约定的资金都很难获得。[1]可见，获得技术支持的关键在于资金。因此，完善资金机制的建设将有助于降低国内履行国际环境公约的难度，也将有助于条约目标的实现。

五、克服困境的建议

针对共同但有区别的责任原则在实施过程中的困境，笔者就如何克服其困境、协调各国利益，促进国际环境条约的实施提出以下建议。

（一）健全技术支持和资金援助的法律制度

虽然许多国际环境公约都对技术支持和资金援助机制作出了规定，但是都没有将发达国家向发展中国家提供技术支持和资金援助规定为一项强制性的义务，也没有规定不履行这些义务的法律后果，因此严重影响了这些公约的实施效果。另外，就共同但有区别的责任原则在实践中的运用情况来看，能够满足公约要求，获得发达国家的先进绿色技术支持或者环保资金援助的一般都是一些新兴发展中大国，或者是一些最贫困的国家，资金援助与技术支持的覆盖面远远没有达到共同但有区别的责任原则的要求。针对这些问题，

〔1〕张孟衡、茹江、宋小智：“国际环境保护公约中技术支持障碍问题的探讨”，载《自然资源学报》2001年第3期。

首先，发展中国家需要努力加强自身能力的建设，提高自己在国际社会中的地位，就进一步完善国际环境公约关于技术支持和资金援助的规定提出意见，推动公约将发达国家向发展中国家提供技术支持和资金援助规定为一项强制性的义务，规定发达国家不承担相应的义务需要承担的法律责任。其次，发展中国家应当尽力寻找和开拓能够为自身环境保护工作提供资金援助与技术支持的其他双边或者多边途径，不能将获得资金援助和技术支持的期望全部寄托在某个环境公约项下的项目上。

（二）明确有区别的责任的标准

考察共同但有区别的责任原则的运用状况，可以发现“共同责任”已经得到国际社会的普遍认可，不论是发达国家，还是发展中国家都意识到了地球生态环境的保护离不开世界各国的共同努力。但是对于“有区别的责任”的具体标准，由于各国的利益分歧，在国际社会一直无法达成共识。一个合理、适当的有区别责任的划分标准的确定是共同但有区别的责任原则得到有效适用的前提。因此，发展中国家在遵守“共同责任”的同时，还应当谋求在公约或实施公约的具体协议中明确“有区别的责任”的具体标准。正如上文所述，有区别的责任的划分应当充分考虑各国的履约能力，参考各国在历史上对地球生态环境产生的影响、人均资源消耗量、污染物的排放总量以及公平、正义等多种因素来决定。

（三）设立保障公约实施的监管机制

针对国际环境公约在实施过程中监管机制缺失的问题，应当利用联合国环境规划署等国际组织，以及特定公约的缔约方大会等公约实施机构，充分发挥其咨询、建议、报告和监督的作用，向各国履行公约义务提出建议，进行人才培训，报告各国履行义务的状况，对不遵守公约义务的缔约国进行通报，以监督各国履行国际环境公约，改善国际环境公约和共同但有区别责任原则的实施困境，改变发达国家不履行公约义务而无须承担任何不利法律后果的现状。

六、结语

共同但有区别的责任原则是国际环境法的基本原则，它为发达国家与发展中国家团结协作解决全球环境问题提供了法律依据，也要求各个国家根据其在历史上对全球环境问题产生的影响及其现实治理能力，承担各自不同的义务。从共同但有区别的责任原则的形成及其发展进程来看，该原则侧重于有区别的责任，照顾发展中国家的特殊需求，要求发达国家承担向发展中国家提供资金援助、技术支持和能力建设方面等方面的义务和责任。然而该原则的运用存在许多问题，例如发达国家履约的积极性不够、资金援助机制中资金的来源较为有限、发展中国家很难从发达国家获得环境友好型技术等。发展中国家不仅要呼吁发达国家遵守共同但有区别的责任原则，向发展中国家提供技术支持和资金援助，还应当努力增强自身能力建设，提升国际影响力，通过健全技术支持和资金援助的法律制度，明确有区别的责任的标准，设立保障公约实施的监管机制等，使共同但有区别的责任原则得以贯彻实施。

分论部分

转基因作物商业化的不良影响及其国际法规制

陈　钰

摘　要：转基因生物技术的不断发展，为人类带来了诸多惠益，推动了人类社会的发展，同时也带来了或可能带来许多不良影响，包括对人体健康的影响、对生态环境的影响等，需要基于风险预防理论和原则对其进行国际环境法和国际贸易法规制。国际法规制的基本原则应当包括风险预防原则、审慎利用原则、国际合作原则、全程控制原则，并需要相应地建立风险防控制度、信息交流制度、应急处理制度等。然而针对转基因作物商业化的不良影响进行的国际环境法规制与国际贸易法规制之间存在矛盾和冲突，应当予以协调和解决，包括设立专门的争端解决机制、加强国际交流与合作、完善转基因国际法规范等。通过加强和完善对转基因作物的国际法规制，可以提高风险预防能力，促进转基因生物技术在可控范围合理、有序地被利用。

关键词：转基因　《生物多样性公约》　《卡塔赫纳生物安全议定书》　风险预防

引　言

“转基因作物”在不同国际文件中的定义有所不同，《卡塔赫纳生物安全议定书》中的定义为“改性活生物体”（Living Modified Organisms，LMOS），国际长期使用习惯又称之为“遗传饰变生物”（Genetically Modified Organisms，GMOs）。实际上，这两个定义都是指与传统的生物技术的物种内基因改良不同的，通过对脱氧核糖核酸进行切割，人为地将一种生物的基因移转到另外一种生物的遗传序列中，就是DNA的重组，由此得到一种改良DNA的生物。随着转基因作物不断的商业化，给我们带来的影响也越来越大。众所周知，科技是把双刃剑，从目前来看，转基因科技只表现出其积极的一面，会带来什么不利影响，尚处于争议之中。为了预防转基因作物商业化所带来的未知的风险，需要对其利用进行合理的规制。从全球视野来看，目前转基因作物国际法规制的主要依据是《生物多样性公约》《卡塔赫纳生物安全议定书》《名古屋议定书》等多边环境协议，以及WTO框架下的相关协议。因为价值取向等方面的原因，目前要进行有效的国际法规制还面临着较大的挑战，需要我们面对和解决。本文分析了转基因作物的商业化及其不良影响，基于风险预防理论对其进行国际法规制的必要性，当前转基因作物国际法规制的基本原则和基本制度，面临的主要问题和挑战等，最后就所面临的问题和挑战提出了一些建议。

一、转基因作物的商业化及其不良影响

转基因技术是21世纪最重要的生物技术之一，对农业、医药等行业都有很大的影响，其中对农业的影响尤为重大。DNA重组后的新品种，具有传统农作物所不具有的新特征，如抗虫、抗冻、抗除草剂等。部分学者认为，转基因作物在节省劳动力的同时，还能减少化肥、农药、杀虫剂等主要农业环境污染源的使用，有利于生态环境的保护。最重要的是转基因技术能有效提高劳动生产力，节约耕地，缓解全世界粮食危机。[1]这使得转基因作物商业化进程异常迅速，同时也带来了或可能带来许多不良影响。

（一）转基因作物的商业化

从1983年美国成功培植出世界上第一株转基因植物开始，到如今的美国、巴西、阿根廷、印度等国家大批量地种植，转基因技术的发展可谓是一

〔1〕［英］Clive James：“2011年全球生物技术/转基因作物商业化发展态势”，载《中国生物工程杂志》2012年第1期。

路高歌猛进。1996 年是转基因作物商业化的第一年，这一年仅六个国家批准了转基因作物的种植。2003 年 18 个国家或地区批准了种植，2009 年这一数量达到 25 个。到了 2017 年，有 67 个国家或地区种植或利用了转基因作物，种植的国家达 24 个（5 个发达国家和 19 个发展中国家），利用的国家有 43 个，主要进口转基因作物用于粮食和饲料（包括了欧盟 26 国）。〔1〕1996～2016 年这 20 年中，转基因生物技术使农作物产量增加了 6.5761 亿吨，仅 2016 年的农作物增产量就达 8220 万吨。转基因技术为全球农民（约 160 万到 170 万）带来了 1861 亿美元的经济效益，他们中的 95%来自发展中国家。〔2〕转基因生物技术的一系列优点，使之在农业方面的种植和利用范围迅速扩大。

目前转基因作物的种植主要分布在五个国家：美国、巴西、阿根廷、加拿大和印度。截至 2017 年，美国的种植面积为 7504 万公顷，居全球转基因作物种植国家之首，以下依次为巴西 5020 万公顷，阿根廷 2360 万公顷，加拿大 1312 万公顷，印度 60 万公顷，四个种植的欧盟国家 13.1 万公顷。除了欧盟国家的种植量较 2016 年减少了约 4%以外，〔3〕总的来说，从 1996 年到现在，转基因作物在全球推广和普及的速度都极快并有继续扩大的趋势，许多持观望态度的国家已逐渐加入了转基因生物种植或利用的行列。

（二）转基因作物商业化的不良影响

上文中提到，越来越多的国家都在加入或增加转基因作物的种植和利用，唯有欧盟国家在减少。原因之一是转基因作物是否存在风险的问题。在这一问题上分歧最大的是美国和欧盟，美国一直奉行实质等同原则，即转基因作物与传统的农作物之间无实质的差异，所以在规制方面较为宽松，甚至认为无须规制。欧盟主要奉行风险预防原则，对转基因作物进行严苛的规定。一般认为，科技是把双刃剑，在带来利益的同时，必然会有负面影响，转基因生物技术亦是如此。并且，人们对转基因生物技术的认识尚处在初级阶段，负面影响可能要相当长的一段时间内才逐渐显现出来。目前来看，转基因作

〔1〕 国际农业生物组织：“*The International Service for the Acquisition of Agri-biotech Applicationa*”，ISAAA.

〔2〕 国际农业生物技术应用服务组织：“2017 年全球生物技术/转基因作物商业化发展态势”，载《中国生物工程杂志》2018 年第 6 期。

〔3〕 国际农业生物技术应用服务组织：“2017 年全球生物技术/转基因作物商业化发展态势”，载《中国生物工程杂志》2018 年第 6 期。

物的推广可能带来以下几方面的负面影响。

1. 对人体的影响

转基因作物对人体的影响是目前讨论的核心热点。首先，转基因作物对人体是否有毒。法典准则中对有关转基因食品是否有毒性的评估规定如下："须对已知的有毒蛋白和反营养物质进行集中后，了解其在具有代表性的消化系统模式中的降解情况。如果某一蛋白与我们常规食用的蛋白质不同，就需要进行适当的口服毒性测试。"〔1〕目前鲜有对转基因作物及其食品毒性的测试实验，有的转基因食物甚至未经测试就上市售卖，比如黄金大米。对于某些以稻米为主食的国家而言，转基因稻米上市就会大量被食用，即便是只含有微量的毒素，也会在人体中富集，最终导致各类身体健康问题。其次，转基因作物有了新的遗传信息后会形成新的蛋白质，这些新的蛋白质有导致过敏的可能性，必须进行过敏性相关的测试。再次，使人体产生抗药性。如在对作物转基因的过程中，使用了对临床治疗抗生素具有抵抗力的基因，那么这种带抵抗抗生素的作物制成食物被食用以后，会将其抗药性传给致病细菌，进而使人体对用于治疗的抗生素产生抗药性。〔2〕最后，食用的转基因作物的营养成分可能被破坏，而不能提供某些人体所需要的营养。〔3〕

2. 对生态环境的影响

转基因作物在种植的过程中会对周围环境产生不良影响，主要表现在以下几个方面：首先，转基因作物在种植地会发生基因的漂移，这种漂移可能会让某些野生物种从漂移来的新基因上获得新的性状，〔4〕比如抗除草剂性、抗冻性、防虫性等，使他们获得更强的生命力，进而破坏生态系统的平衡。2001 年美国加利福尼亚大学伯克利分校的微生物生态学家在《自然》杂志上发表的一篇文章，揭示了这样一个事实，在墨西哥南部的地区收集到的六个地方玉米品种样本中，花椰菜镶嵌病毒的启动因子，与诺华公司培育的 Bt 抗虫玉米的基因序列相似。这一研究结果表明，墨西哥的转基因玉米已经污染

〔1〕 Law Bush："*Commentary on Agricultural Biotechology*"，*Biodiversity &the Law Intellecttual Proprety, Biotechnology &Traditional Knowledge* ，Charles Mcmanis （ed），2007 Earthscanltel.

〔2〕 秦天宝：《生物安全国际法的理论与实践》，中国政法大学出版社 2014 年版，第 182 页。

〔3〕 Janet Cotter, Sue Mayer & Gene Watch："中国转基因水稻对健康和环境的风险"，http://www.greenpeace.org.cn/，最后访问时间：2018 年 5 月 21 日。

〔4〕 秦天宝：《生物安全国际法的理论与实践》，中国政法大学出版社 2014 年版，第 182 页。

了该地的其他物种。[1]其次，可能增加靶标生物的抗药性和进化程度。抗虫转基因植物的大规模释放，给靶标生物带来巨大的生存压力，他们可能会在较短时间内进行快速的进化，以适应环境来生存。进化后的靶标生物具有更强的生命力和抗药性，需要采取其他的生物措施或者施用更多的农药才能将其控制。再次，对非靶标生物的影响。转基因作物释放到自然环境之后，对靶标害虫产生作用的同时，毒素也会以进入食物链之中等方式而到达非靶标生物，影响到其他非靶标生物的生存。[2]1999 年美国康奈尔大学的教授 John. E. Losey 曾做过这样一个实验，将 Bt 玉米的花粉撒在黑脉金斑蝶幼虫的食物上，发现食用了该花粉的黑脉金斑蝶幼虫的成长特别缓慢，四天后的死亡率达到 44%。最后，对生物多样性的威胁。这一推论目前还有较大的争议，但一种新的作物进入到环境，势必会对周遭的环境带来一系列的影响，带来各种难以预测的结果或后果。

3. 对全球政治的影响

转基因作物除了可能对人体、环境等造成危害外，还可能影响到全球的政治格局。目前，全世界的转基因作物种子主要来自于三家公司：美国孟山都公司（以下简称孟山都）、杜邦先锋公司（以下简称杜邦先锋）和陶氏益农公司。[3]其中，仅孟山都的转基因大豆在阿根廷的种植面积就超过了 75%。这些企业垄断了转基因技术，利用其在转基因种子市场上的优势地位，借助政府的力量，促使发展中国家进口和种植其开发的种子，抢占市场份额。待这些国家开始大规模种植其开发的转基因种子时，再收取高额的专利使用费，并借此影响该国的农业经济进而影响政治。比如，1999 年孟山都公司与农户签订种子的销售合同，约定农户每购买 50 千克的种子就要缴付 2 美元的“延伸特许费”（Extended Royalties），这一约定违反了当地的法律，但阿根廷政府并没有明确反对。2001 年孟山都认为，农户在种植的过程中自留了种子这一行为违法，要求政府采取相应的行动。2003 年孟山都对自留转基因大豆中的农户进行巡查，并推动了政府间的谈判，最终因当地农民的极力反对而陷

---

〔1〕 阙占文：《转基因生物越境转移损害责任问题研究——以〈生物安全议定书〉27 条为中心》，法律出版社 2011 年版，第 23 页。

〔2〕 Janet Cotter, Sue Mayer & Gene Watch：“中国转基因水稻对健康和环境的风险”，http://www.greenpeace.org.cn/，最后访问时间：2018 年 5 月 21 日。

〔3〕 [美] 威廉·恩道尔：《粮食危机》，赵刚译，中国民主法制出版社 2016 年版，第 6 页。

入僵局。为了阻止“缺德的农民”无偿循环地使用转基因种子，孟山都还收购了持有“终结者”专利的公司，若使用该技术，所有的转基因种子只能种植一次，农户在来年只有购买新的种子才能维持新的生产。[1]

二、转基因作物的国际环境法规制

转基因作物的商业种植可能会带来未知风险和影响到全球的政治格局，必须对其进行合理地控制和利用，进行有效的法律规制。对转基因作物进行国际环境法规制主要体现在两个方面：一是规制的理念基础，即我们通常所说的基本原则；二是具体的法律制度。两者互相补充、缺一不可，共同促进转基因生物技术有序地发展。

随着转基因作物的商业化和全球化，越来越多的国家和地区都意识到了对其进行规制的重要性。1982 年联合国《世界自然宪章》提出要保护生物多样性。[2]1992 年联合国《生物多样性公约》对生物多样性保护的基本原则、重要措施等都进行了规范，为全球生物多样性的保护建立了框架。转基因农作物与生物多样性息息相关，所以也受《生物多样性公约》的规制。2001 年公约缔约方大会通过了《卡塔赫纳生物安全议定书》，该议定书的主要目的是避免生物多样性受到来自转基因生物（改活性生物体）的危害，是对转基因作物进行规制的最重要的条约。下文中分析的基本原则和制度，主要以《生物多样性公约》和《卡塔赫纳生物安全议定书》为依据。

2010 年 10 月，在日本名古屋召开的议定书第五次缔约方会议通过了《生物安全议定书关于赔偿责任和补救的名古屋—吉隆坡补充议定书》（以下简称《补充议定书》）并于 2018 年 3 月正式生效，弥补议定书在责任和赔偿规则上的空白。2010 年还通过了公约之下的《遗传资源获取和惠益分享的名古屋议定书》，并于 2014 年生效，对生物惠益分享、传统知识的获取等方面作了相关规定。除了这些全球性条约之外，还有一些区域性的法律和国内法，如欧盟、美国等国家或地区对转基因农作物的法律规制，也对转基因作物国际环境法规制的原则和制度的确立和运用有较强的指导意义。

〔1〕［美］威廉·恩道尔：《粮食危机》，赵刚译，中国民主法制出版社 2016 年版，第 34~35 页。

〔2〕参见《世界自然宪章》第 2 条的规定。

（一）转基因作物国际环境法规制的基本原则

转基因作物国际法的基本原则，是具有指引性的基础原则，首先要确定其标准。秦天宝教授在确定生物多样性国际法的基本原则时认为，确定基本原则必须遵循普遍性原则与特殊性原则。[1]转基因作物国际法从属于生物多样性国际法，所以其基本原则标准的确立，也适用普遍性与特殊性原则。普遍性是指转基因作物以国际法的基本原则为基础，受国际法基本原则确立标准的支配和指导。特殊性原则是要充分考虑转基因作物规制的自身特点，充分反映转基因作物规制的特殊性。转基因作物国际环境法规制的基本原则主要有以下几方面：

1. 风险预防原则

关于风险预防原则的含义，《里约宣言》原则 15 作了经典表述："为了保护环境，各国应当按照本国的能力，广泛使用预防原则；遇有严重的或不可逆转损害的威胁时，不得以缺乏科学证据为理由，延迟采取符合成本效益的措施防止环境恶化。"[2]风险预防原则是转基因作物国际法规制的重要原则，原因之一是目前对转基因技术可能会带来的风险尚不清楚，人类对其认知尚处于初级阶段，无法准确地预测。正如上文中提到的，转基因农作物对人类来说是否有毒，是否会导致大规模的流行病，是否会因为基因漂移对其他的非转基因的物种造成基因污染甚至导致其他生物的灭绝，目前都没有科学的、准确的证据。既然存在风险，以往的无科学证据"无害推定"就不适用于转基因技术这样的新型技术的规制，而应该实行"有害推定"，在风险未出现之前就预先防范。原因之二是转基因作物风险的严重性和不可逆转性。对于某一风险的严重性和不可逆转性的标准，学界暂时没有定论，乌尔里希·贝克在《风险社会》中认为，当某一可能的风险造成了某种程度上的"不安全感"，这种不安全感只会被它所揭示的风险以及潜在的可能性所超过，[3]就要对这种风险进行相应的防范。转基因作物可能带来的后果可能是严重的和不可逆转的，因而即便在缺乏科学证据的情况下，也必须积极进行预防。

风险预防原则在转基因国际法规制上主要体现在《里约宣言》等软法文

[1] 秦天宝：《生物安全国际法的理论与实践》，中国政法大学出版社 2014 年版，第 59 页。
[2] 参见《里约宣言》第 15 条的规定。
[3] [德] 乌尔里希·贝克：《风险社会》，何博文译，译林出版社 2004 年版，第 191 页。

件，以及联合国《生物多样性公约》等国际条约中。《里约宣言》强调各国应当按照自己的能力，采取相应的预防措施，即要求采取最佳可得技术来防范风险。1982年《世界自然宪章》要求对可能会对大自然造成影响的活动进行控制，采用最优良技术减轻对大自然可能造成的危害，在进行对大自然可能构成危险的活动前，应当事先进行调查；活动的组织者必须证明预期的收益会超过可能会对自然带来的损害。〔1〕1992年联合国《生物多样性公约》也体现了风险预防原则，其序言中就提到了在生物多样性遭受严重减少或损失的威胁时，不需要充分的科学依据为前提就要采取避免和减轻威胁的措施。《生物多样性公约》第8条关于"就地保护"的规定中，对可能对环境产生不利影响，影响生物多样性的因素也需要进行防范、管理和控制。〔2〕在《卡塔赫纳生物安全议定书》中，风险预防原则贯穿其中，比如第1条关于本议定书的目标陈述中就说明是依照《里约宣言》原则15所订立的预先防范办法。〔3〕第15条规定了风险评估的方法，〔4〕第16条规定了风险管理的要求和方法。〔5〕此外，WTO的相关条约也体现了风险预防的原则，下文将会详述。

风险预防原则在欧盟对转基因作物的规制方面体现得尤为明显，欧盟一直主张强风险预防原则，对可能带来风险的事物都持谨慎态度。在具体的立法上，1997年1月欧盟颁布了《关于新食品和食品成分管理条例》（258/97/EC），要求经营者对采用转基因生物加工而成的食物都必须粘贴标签，以保护消费者的知情权。2001年颁布了《关于向环境有意释放转基因生物的指

〔1〕《世界自然宪章》第11条的规定。

〔2〕本条规定，制定或采取办法以酌情管制、管理或控制由生物技术改变的活生物体在使用和释放时可能产生的危险，即可能对环境产生不利影响，从而影响到生物多样性的保护和持久使用，也要考虑到对人类健康的危险。

〔3〕第1条规定，本议定书的目标是依循《关于环境与发展的里约宣言》原则15所订立的预先防范办法，协助确保在安全转移、处理和使用凭借现代生物技术获得的、可能对生物多样性的保护和可持续使用产生不利影响的改性活生物体领域内采取充分的保护措施，同时顾及对人类健康所构成的风险并特别侧重越境转移问题。

〔4〕该条规定，依照本议定书进行的风险评估应按附件三的规定并以在科学上合理的方式作出，同时应考虑采用已得到公认的风险评估技术。此种风险评估应以根据第8条所提供的资料和其他现有科学证据作为评估所依据的最低限度资料，以期确定和评价改性活生物体可能对生物多样性的保护和可持续使用产生的不利影响，同时顾及对人类健康构成的风险。

〔5〕缔约方应参照公约第8条的规定，制定并保持适宜的机制、措施和战略，用以制约、管理和控制在本议定书风险评估条款中指明的、因改性活生物体的使用、处理和越境转移而构成的各种风险。

令》（2001/18/EC），2003 年颁布了《关于转基因生物与转基因生物制品的可追溯性和标识的条例》（1930/2003/EC），以及《关于转基因食品和饲料的条例》（1892/2003/EC）。这几部条例体现了欧盟对转基因食物标签追溯制度最完整和最严苛的规制，体现了欧盟对转基作物可能带来的风险的重视。

2. 审慎利用原则

审慎利用原则是可持续发展原则在转基因作物国际环境法规制中的具体体现。可持续发展原则是公认的习惯国际法原则，其基本含义是人类的发展既要满足当代人的需要，又不对后代人满足其需要的能力构成危害。在转基因技术的应用以及对转基因作物的规制上，亦是如此。审慎利用原则是指各国在转基因技术的使用过程以及在转基因作物的利用中，在考虑到它可能带来的负面影响，包括对人体的危害和对环境的风险并进行防范的同时，也要考虑到其带来的巨大效益而在合理的范围内控制使用。其目的是用法律合理地限制和约束将转基因技术，最终实现其效率价值，促进可持续发展。转基因作物虽然有不可预测的风险，但也带来了巨大的效益，除了降低农药和化肥的使用量，保护生态环境，制作成燃料缓解能源压力外，最重要的是能增加粮食产量，缓解世界粮食危机。

审慎利用原则是为了避免风险预防原则矫枉过正而忽视转基因技术带来的便利而设立的原则，目的是达成风险和利益的平衡。在实践中，各个国家和地区对待转基因作物的态度不尽相同，有的主张开放利用，有的则主张限制甚至禁止。欧盟一直主张限制使用，实行最严格的转基因作物使用标准，这主要体现在两方面，一是对风险是否会造成不良后果、所造成的结果是否严重或者其严重性程度均没有相应的标准，只要可能会带来风险就进行防范；二是对缺乏科学依据的风险，国际法的主体都必须加以规制。正因为如此，欧盟和主要转基因作物出口国之间在国际贸易上的矛盾频频发生，甚至在很长一段时间内欧盟暂停批准新的转基因生物以及停止进口转基因农产品。严格的风险预防原则可能会阻碍新技术的发展，也忽视了其对社会发展的促进作用，为了达成发展与风险之间的协调，审慎发展原则应运而生。

对转基因作物进行国际环境法规制的审慎利用原则，主要体现在《生物多样性公约》和《卡塔赫纳生物安全议定书》中。[1]《生物多样性公约》的序言提到发展中国家的第一要务是根除贫困和促进经济以及社会的发展。对于发展中国家来说，谋求发展依然是目前的重要目标，需要借助科技的手段，加快自身发展的速度。《生物多样性公约》第8条强调采取合理的办法管理或者控制转基因作物在使用时带来或可能带来的危险，[2]实现对生物多样性的保护和持续利用。《卡塔赫纳生物安全议定书》的订立目标之一就是在利用现代生物技术（主要是转基因技术）的同时采取保护措施，预防转基因作物的越境转移对人类健康的风险和生物多样性产生不利影响。[3]

3. 国际合作原则

国际合作原则是国际法的一项基本原则，在转基因作物的国际环境法规制上主要体现在转基因作物的开发利用中，各个国家和地区应当在平等的基础上，加强交流合作，防止、减少和有效地控制因转基因作物带来的损害。转基因技术的研究和利用具有全球性，任何国家都无法单独地预防和控制可能出现的风险。全球化社会是风险的全球化，食物链将地球上的所有人连接在一起，[4]只有加强政府间的交流合作，才能共同抵御可能的风险和促进转基因技术的发展。在转基因作物领域的国家间合作意义重大，有效的合作能促进各个转基因作物技术开发国整合各自优势，优化资源利用，提高共同抵御可能风险的能力。面对同一棘手问题时国家间进行信息的共享和资金支持，有利于问题的解决。进行可能影响他国的转基因作物活动时，及时地沟通交流，避免国际争端。通过对发展中国家提供资金和技术等的支持，提高发展中国家履行相关国际条约的能力，促进国际转基因生物技术有序、安全、环保地发展。

国际合作原则在转基因作物的国际环境法规制上，体现在《生物多样性

[1] 联合国《生物多样性公约》序言规定："认识到经济和社会发展以及根除贫困是发展中国家第一和压倒一切的优先事务。"

[2] 该条规定，制定或采取办法以酌情管制、管理或控制由生物技术改变的活生物体在使用和释放时可能产生的危险，即可能对环境产生不利影响，从而影响到生物多样性的保护和持久使用，也要考虑到对人类健康的危险。

[3] 该条规定，协助确保在安全转移、处理和使用凭借现代生物技术获得的、可能对生物多样性的保护和可持续使用产生不利影响的改性活生物体领域内采取充分的保护措施，同时顾及对人类健康所构成的风险并特别侧重越境转移问题。

[4] [德] 乌尔里希·贝克：《风险社会》，何博闻译，译林出版社2004年版，第38页。

公约》以及《卡塔赫纳生物安全议定书》中。《生物多样性公约》的序言强调为了生物多样性的保护，以及其组成部分的持续利用，促进国家政府间组织和非政府部门之间的国际、区域和全球性合作的重要性和必要性，《生物多样性公约》第 5 条也强调了国际合作原则。[1]国际合作原则在《卡塔赫纳生物安全议定书》中显得尤为重要。该议定书第 19 条规定，每个缔约方应指定一个国家联络点和一个或数个国家主管部门，方便每个缔约方之间的交流和联系。第 20 条规定建立信息交流与生物安全资料的交换所，方便有关转基因技术、法律等方面信息的交换，同时顾及技术不发达国家的利益。第 22 条对发展中国家的能力建设也进行了规定。

有学者认为，生物安全国际合作主要体现在信息交流、技术支持、风险抵御、惠益分享、财政支援、能力建设等六个方面。[2]占主要地位的是信息交流，是指某两个或两个以上国家或地区在解决同一个转基因作物问题时，双方或多方应将自己所掌握的信息进行共享和交流沟通，在从事可能对他国造成影响的转基因生物技术活动时，应及时明确地告知，并通过协商决定该项活动是否继续推进或停止。技术支持是指转基因生物技术发达的国家向发展中国家提供必要的技术支持和便利设施。经济援助是指转基因生物技术发达且经济实力强的国家，向技术欠发达但资源充足，具有发展潜力的国家提供资金方面的支持。能力建设是指转基因技术发达的国家帮助发展中国家提高履行转基因作物国际法规制义务的能力。惠益分享原则是指在进行转基因作物的研究过程中，对研究的成果进行分享。

在实践中，国际合作原则的贯彻和实施尚处于低水平阶段，更多的是发达国家利用自己雄厚的资金和经济实力，通过各种合法或非法手段获取发展中国家的遗传生物资源和传统知识进行开发，研制出新型的生物制品再卖给发展中国家，收取高额的专利使用费，发展中国家称之为“生物剽窃”。如印度苦楝事件，[3]美国的公司利用印度的苦楝以及印度传统医药古书，从该植物中提取出有效成分制成药品后，又高价销往印度，这引起发展中国家的强

---

〔1〕 该条规定，每一缔约国应尽可能并酌情直接与其他缔约国或酌情通过有关国际组织为保护和持久使用生物多样性在国家管辖范围以外地区并就共同关心的其他事项进行合作。

〔2〕 王灿发、于文轩：“生物安全的国际法原则”，载《现代法学》2003 年第 4 期。

〔3〕 苦楝为楝科落叶乔木植物，高 10 ~ 20m，不仅是材用植物，亦是药用植物，其花、叶、果实、根皮均可入药，此外，果核仁油可供制润滑油和肥皂等。

烈不满和国际环保主义者的强烈谴责。因此国际合作原则必须得到各国的重视，促进技术的交流，最终达成共赢。

4. 全程控制原则

全过程控制是指从转基因生物体的研究开发到市场化、处置等方面都要进行规范和控制。转基因作物同传统的农作物相比有其独特性，除了常规对生产、运输、越境转移、销售环节进行法律规范之外，还涉及对计划、实验阶段的规制。全过程控制原则在对转基因生物技术的管控上，最早体现在1983年世界卫生组织发布的《实验室生物安全手册》第16章对实验阶段转基因生物技术的规范。[1]《卡塔赫纳生物安全议定书》对越境转移、运输、包装、鉴别、风险评估等方面也进行了规范。[2]

全过程控制原则的理论基础主要来源于风险预防原则，转基因作物可能带来巨大的风险，而这一不可估计的可能风险又存在于转基因作物的研究、开发种植、境外转移等所有阶段，必须对其全过程进行严格的监测和控制，增强风险的防范。实行全过程控制原则的原因之一是其带来的损害具有特殊性。目前转基因作物种类繁多，一旦造成损害需对损害来源加以确定，为了便于确定损害来源的类别，就需在前期、中期乃至后期实行严格的管控。原因之二，转基因作物的传输跨度较大，如某一转基因豆奶产品，其种子可能来源于美国，在阿根廷种植后又通过出口进入到中国，再由中国的生产商生产成豆奶，最后卖给消费者。位于末端的消费者一旦因饮用该豆奶造成损害，可以根据全过程标签制度进行回溯，最终有利于致害原因的发现和责任主体的确认。

5. 基本原则之间的逻辑结构

在上述转基因作物国际环境法规制的基本原则中，风险预防原则、审慎发展原则、国际合作原则与全过程控制原则之间具有一定的层次性和逻辑性。风险预防原则与审慎发展原则是指导性、目的性原则。转基因作物的种植和利用必须以风险预防原则为前提，谨慎地进行利用并审慎地发展。国际合作原则与全程控制原则是实现风险预防原则与审慎发展原则的具体性、手段性原则，即通过国际合作和全程控制，达到预防风险和审慎发展的目的。

这四个原则在内部关系上有一定的承接性，转基因作物的利用和种植可

---

〔1〕 现适用2017年第三版。

〔2〕 参见《卡塔赫纳生物安全议定书》第15条、第17条、第18条、第25条以及附件三的规定。

能会有不可预知的风险，这一风险的损害可能是不可逆的和世界性的。因此应把风险预防原则置于最重要的位置。但过度地对风险进行预防，又阻碍了转基因作物给人类带来的效益，因而要在风险预防的前提下进行审慎的发展，风险预防的同时又达到发展这一目标。为了达到这一目标，需要缔约主体之间进行合作，就信息技术等方面进行有效的沟通和协作。国家间的合作是实现全程控制的条件，转基因作物从实验室阶段到种植、出口贸易，以及最后的市场化阶段，涉及不同的国家和地区间的良性合作，对全程管理的效果起到了关键的保障作用。这四个原则相互独立，各自规范着不同的领域和环节，同时又互为条件相互制约、补充和支撑，最终在安全的限度内使转基因作物促进人类社会发展。

（二）转基因作物国际环境法规制的主要制度

根据国际条约的规定和国家实践，转基因作物国际环境法规制的具体制度主要包括风险防控制度、信息交流制度、应急处理制度等。

1. 风险防控制度

风险防控制度是指在进行转基因作物的实验、生产、运输等过程中，需要对其安全性进行预测和评估，并采取一系列适当措施，避免可能发生的风险或将损害风险降到最低。风险防控制度是转基因作物国际法规制的重要制度，它贯穿于研发、生产、越境转移、市场化等每一阶段，在某些方面虽然仍存在一定的分歧，但目前已被大部分《卡塔赫纳生物安全议定书》缔约国同意并实施。根据《卡塔赫纳生物安全议定书》的相关规定，风险防控制度主要包括采取风险评估措施和风险管理措施两方面。

（1）风险评估措施。

风险评估措施主要由《卡塔赫纳生物安全议定书》第8条[1]、第15条[2]

〔1〕该条规定，出口缔约方应在首次有意越境转移属于第7条第1款范围内的改性活生物体之前，通知或要求出口者确保以书面形式通知进口缔约方的国家主管部门，通知中至少应列有附件一所列明的资料。

〔2〕该条规定，依照本议定书进行的风险评估应按附件三的规定并以在科学上合理的方式做出，同时应考虑采用已得到公认的风险评估技术。此种风险评估应以根据第8条所提供的资料和其他现有科学证据作为评估所依据的最低限度资料，以期确定和评价改性活生物体可能对生物多样性的保护和可持续使用产生的不利影响，同时亦顾及对人类健康构成的风险。

以及附件三[1]进行规范，目的是对转基因作物在其所被接受的环境中，可能对当地生物多样性以及人体健康带来的不利影响进行评估。风险评估主要包括三个方面的内容：

第一，风险评估的原则。首先是科学原则，即应该以科学上合理和透明的方式进行风险的评估，同时还应借鉴国际组织或专家的意见。其次是非科学必要性原则，指对某一风险的评定不以科学共识或科学证据为必要条件。三是全面分析原则，在评估风险时，不仅要考虑接受环境中的受体，还要考虑亲本生物体及其产品所涉及的风险。最后是具体问题具体分析原则，是指要根据转基因作物本身、用途、接受环境的不同来进行详细的考量和评测。[2]

第二，风险评估的方法。需要先根据要求以及特殊特点提供具体的材料，然后再进行风险的评估。在步骤上主要分为六步。首先，鉴别可能会在接收地给当地生物多样性以及人体带来不利影响的转基因作物的任何新异基因型和表型性状。其次，对转基因作物在接受环境中的暴露程度和暴露情况进行评定，评价产生不利影响的可能性。三是对因此种不利影响可能导致的后果进行评价。四是根据不利影响可能导致的后果计算总体风险。五是对所预测风险是否可以接受和管理提出建议，包括管理战略方面的建议。六是在风险无法确定的情况下，可以针对具体问题提供进一步的资料，采取与之适宜的风险管理战略或者进行进一步的监测。

第三，注意事项。风险评估中采用的资料应根据对象、环境等的不同而作出相应的细化，主要体现在以下方面：受体生物体或亲本生物体、供体生物体（提供DNA信息生物的名称、来源、特征）、媒体（标识、来源、生物特征宿主范围）、植入或改变的特点（植入的DNA信息以及改变的特点，如抗虫性）、转基因作物（本身标识以及与本体和供体的区别）、转基因作物的发现和鉴别（发现和鉴别在方法上的特殊性，如避光）、预定用途（与亲本生物体和受体相比新的或改变的用途，如用途从粮食转为燃料）、接受环境（地理、气候）等。

（2）风险管理措施。

风险防控制度的目标是对可能的风险进行预防和控制，在对风险进行评

---

[1] 《卡塔赫纳生物安全议定书》附件三主要是风险评估的规定。

[2] 参见《卡塔赫纳生物安全议定书》附件三。

估后的进一步措施就是进行风险的管理。对已经做了评估的风险进行管理应遵循如下原则：首先是缔约方应根据《议定书》第8条，对已进行评估的风险采取恰当的措施和行动。第二，在特定的范围内采取相应的措施。第三，防止无意间的越境转移，如首次释放之前的风险评估。第四，在不违反第2条一般规定的前提下，任何的转基因作物在第一次投产使用前需要进行与其生命周期或生殖期相当一段时间的观察。第五，缔约方之间应在确定可能带来负面影响的转基因作物以及对此采取应对措施等方面进行合作。

2. 信息交流制度

信息交流制度是指缔约国之间共同对转基因作物进行规制时，采取的有效而又规范的交流措施。信息交流主要发生在越境转移阶段，主要包括信息披露制度和提前知情同意程序。

(1) 信息披露制度。

信息披露制度的理论来源是风险预防原则和公众知情权。由于转基因是新型生物技术，受人类目前认知水平和使用时间的限制，对转基因作物及其产品进行大规模的使用后会带来何种风险，目前依旧没有定论。为了便于预防措施的选择，就必须对转基因作物的信息进行披露。公众在选购商品的时候，有权对自己选择商品的来源、特性加以了解，即公众知情权。所以对转基因作物及其制品的基本信息进行披露尤为重要。信息披露制度在转基因作物国际法规制领域的主要表现为“标签制度”。

转基因作物的“标签制度”主要体现在《卡塔赫纳生物安全议定书》第18条，该条规定要求缔约方采取以下措施：第一，拟直接作为食物、饲料或者用于加工的转基因作物应附有单据，说明其中“可能含有”转基因作物且不打算有意将其引入环境中，并附上进一步领取信息的联络点。第二，计划用于封闭使用的转基因作物应附有单据，[1] 标明其为转基因的作物以及储存、运输、使用等要求。第三，进口也应附有相应的单据，标明其为转基因作物以及储存、运输、处理方面的要求，提供进一步获取资料联络点，提供进口地和出口地信息并列出符合出口地规定的申明。第四，缔约方应与其他

[1] “封闭使用”是指在一设施、装置或其他有形结构中进行的涉及改性活生物体的任何操作，且因对所涉改性活生物体采取了特定控制措施而有效地限制了其与外部环境的接触及其对外部环境所产生的影响。

机构协商，考虑是否有必要约定对标识、处理、包装和运输方面的习惯制定标准。

国际社会对转基因作物标签制度一直存在争议，主要争议方为欧盟和美国。欧盟基于风险预防原则推行的是强制标签制度，政府强制要求生产者和销售者在食品的标签中披露特定信息而且积极立法，如上文中提到的《关于转基因食品和饲料的条例》（1892/2003/EC）。美国一直以来推行的是自愿标签制度，生产者和销售者根据自身的实际情况决定是否加贴某一特定标签。随着美国消费者的抗议和来自国际的压力，美国于 2016 年 7 月通过了《国家生物工程食品信息披露标准》，对转基因作物及其制品实行了强制标签制度。日本、韩国、俄罗斯早在美国之前实行了强制标签制度。目前，对转基因作物及其制品实行强制标签制度已成为一种趋势。

（2）提前知情同意程序。

提前知情同意程序主要规定在《卡塔赫纳生物安全议定书》第 8 条到第 10 条，是指出口缔约方在有转基因作物越境转移的意向之前，以书面的形式通知进口缔约方的国家主管部门，进口缔约方收到该通知以后，应在 90 天以内以书面的形式告知对方已收到通知。若进口缔约方未作出确认，不能认为其默认同意。进口缔约方在收到通知后的 270 天内，向发出通知一方和生物安全资料交换所表示是否同意进口或禁止进口的理由，若不回复，不认为是默认。缔约方已作出同意转基因作物及其制品进口的决定的，应在作出决定 15 天之内通过生物安全资料交换所通报给缔约方，通知信息应符合附件二的规定。[1]

国际社会对提前知情同意程序也存在争议，主要体现在发达国家与发展中国家之间关于交换资料和通报程序中。在资料交换上，发达国家认为交换的资料不包括机密性资料和知识产权的相关具体内容。发展中国家则认为，交换的资料不应强调机密性而有所限制。这一争论最终因第 20 条的规定尘埃落定，即在不妨碍对机密资料实行保密的情况下，要提供提前知情同意程序等相关资料。在通报程序上，发达国家认为出口缔约国发出通知，进口缔约国的沉默是默示同意，但发展中国家反对默示同意。这一争议催生了《卡塔

〔1〕《卡塔赫纳生物安全议定书》附件二规定申请者须提交申请者名称、联络方式、转基因作物的标识、用途、风险评估报告等资料。

赫纳生物安全议定书》的第 7 条："作为本议定书缔约方会议的缔约方大会应在其第一次会议上，就旨在推动进口缔约方决策的适当程序和机制作出决定。"[1]

3. 应急处理制度

应急处理制度是指在对转基因作物的利用、运输、越境转移等过程中，发生了安全事故后，相关的主体采取一定的措施，将损害降低甚至制止损害而应当采取的措施。转基因作物的法律规制主要强调的是风险预防原则，所以对风险的预防作了较完善的规定。实际上，仅仅实施风险的预防并不能完全杜绝意外事件的发生，因此采取应急处理措施是转基因作物国际法规制的重要内容。

《卡塔赫纳生物安全议定书》第 17 条对发生安全事故后的应急处理措施进行了规制，主要包括两个方面，首先是采取措施的主体，其次是采取何种措施。采取措施的主体是"每一缔约方"。采取措施的方式是向受到影响或者可能受到影响的国家、生物资料交换所以及酌情向有关国际组织通知。通知的内容主要是有关转基因作物的资料、事故发生地的具体情况以及事故发生时转基因作物的使用情况、可能带来的风险、进一步索取资料的联络点及其他相关材料。

由于对转基因作物风险认识的不清晰，目前国际法规制主要侧重于风险的预防，对紧急情况出现后的应急措施的规定相对比较欠缺，只规定了通知制度以及对通知的内容进行了细化，实际上并没有任何实质有效的具体措施。对于转基因作物可能带来的损害以及如何规制，需要进一步加深对转基因作物的认识后再进行更深层次的细化。

三、转基因作物的国际贸易法规制

国际贸易法对转基因作物的规制集中体现在 WTO 框架下的一系列条约，主要涉及《关税及贸易总协定》(General Agreement Tariff and Trade 1994，以下简称 GATT1994)，《技术贸易壁垒协议》(Agreement on Technical Barriers to Trade，以下简称 TBT 协议)，《实施卫生与植物卫生措施协议》(Agreement on the Application of Sanitary and Phytosanitary Measures，以下简称 SPS 协议)。

---

[1] 薛达元、刘标："国际生物安全立法的进展及焦点问题"，载《农村生态环境》1998 年第 2 期。

（一）GATT1994 涉及转基因作物的规制

GATT1994 中涉及转基因作物的规制，主要体现在第 20 条对各缔约国一般性义务免除的一般例外措施中，WTO 成员所采取的措施是关于保护人类、动植物的生命和健康所必需的措施时，可以不受 WTO 及其承诺的约束。〔1〕

（二）TBT 协议涉及转基因作物的规制

TBT 协议涉及转基因作物规制的条款主要是序言和第 2 条。其中序言规定，某一缔约方以提高出口产品的质量或保护人类、动物的生命或健康、保护环境为目的而采取的适当措施的行为不得予以禁止，但是该行为不得构成对相同情形的国家的歧视或对贸易的变相限制，并在其他方面与本协定一致。〔2〕即缔约方采取的保护措施受本条约其他方面的规定以及不能构成对其他缔约方歧视的限制。协议第 2 条第 2 款规定，各成员在采取保护人类健康或安全、保护动植物生命及健康以及保护环境的措施时，不得对国际贸易造成不必要的障碍，也不得超过实现合法目标所必须的必要限度；在评估风险时，要以可获得的科学和技术信息、加工技术或产品的预期为前提。〔3〕

（三）SPS 协议涉及转基因作物的规制

SPS 协议涉及转基因作物规制的内容主要是风险预防条款以及检疫条款。第 5 条涉及风险预防，其中第 1~3 款是关于风险的评估，第 4~5 款涉及风险评估的目标，第 6~8 款为限制条件。该条款规定，进行风险评估时各成员国应考虑可获得的科学证据，要以可以获得的科学证据为前提，再进行风险的评估；若有关科学证据不充分，成员国应寻求额外的补充信息，客观地进行风险的评估。

---

〔1〕 GATT1994 第 20 条（g）款规定，与国内限制生产与消费的措施相配合，为有效保护可能用竭天然资源的有关措施。

〔2〕 该条规定，不应当阻止任何国家在其认为适当的程度内采取必要措施，保证其出口产品的质量，或保护人类、动物或植物的生命或健康以及保护保护环境，或防止欺诈行为，但是这些措施的实施方式不得构成在情形相同的国家之间进行任意或不合理歧视的手段，或者对国际贸易的变相限制，并在其他方面与本协定的规定一致。

〔3〕 该条规定，各成员应保证技术法规的制定、采用或实施在目的或效果上均不对国际贸易造成不必要的障碍。为此目的，技术法规对贸易的限制不得超过为实现合法目标所必须的限度，同时考虑合法目标可能造成的风险。在评估此类风险时，应考虑的相关因素特别包括：可获得的科学和技术信息、有关的加工技术或产品的预期最终用途。

在风险评估以及采取风险预防措施时，应当考虑对生产或销售带来的潜在损害，在进口成员境内控制或根除病虫害的成本，以及采用其他方法来控制风险的相对成本和效益。在对风险评估目标的表述上，规定各成员确定适当的动植物检疫的保护水平时，应当考虑将对贸易的消极影响降到最低程度。各成员在不违反第 3 条第 2 款的前提下，制定或维持动植物卫生保护的标准，对贸易的限制不能超过适当的动植物卫生检疫保护水平所要求的限度，同时要将技术和经济的可行性一并考虑。

在标签制度的规定上，SPS 协议要求所采取的检疫措施必须要有科学依据，转基因作物必须有科学依据证明有安全隐患时才能标识。目前因科学技术的限制，尚无法证明转基因作物是否有害，所以无法实行标签制度。

GATT1994、TBT 协议和 SPS 协议的目标都是促进国际贸易，任何的措施都必须以不阻碍贸易为前提。在为预防风险而采取的措施上，也以科学依据为必要条件。因此相较于其他的转基因规制的国际条约或协议来说，标准相对较低。由于国际环境条约和 WTO 协议因价值取向和目标不同，其对相关转基因作物的规制存在冲突，并引起了国际纠纷，下文将对问题和挑战部分进行分析。

四、转基因作物国际法规制面临的问题和挑战

转基因作物国际法规制在经济增长以及人类环境保护意识提高的背景下，有了很大的发展，相关制度也越来越完善。但是由于对转基因生物科技的认识水平较低以及不同国家或地区价值取向的不同，在对待转基因作物的态度上也有较大的差异。目前转基因作物国际法规制的最大挑战就是如何调解冲突，如何缓和矛盾以及如何完善自身的法律规制三个方面，其外在体现就是协调不同国际规范间的冲突，调解不同利益集团的矛盾，完善已有的国际法规制和弥补漏洞及缺陷。

（一）不同国际法规范之间的冲突

转基因作物规制国际规范之间的冲突主要体现在 WTO 框架下的以促进贸易为目标的一系列协议与以《卡塔赫纳生物安全议定书》为代表的以保护生物多样性为目标的公约及议定书之间的冲突。这些冲突集中体现在风险评估以及采取风险预防的措施是否要有科学依据，以及为了保护生物多样性以及人体健康而对转基因作物国际贸易进行限制的程度上。首先，在风险评估方

面，《卡塔赫纳生物安全议定书》等公约和协议采取强风险预防原则，风险的评估以及采取相关的措施不以科学的证据为前提，只要有可能产生风险，就必须进行风险的评估和积极地采取相关措施。与之相反的是，WTO 框架下的协议采取弱风险预防原则，规定评估风险的等级，是否要采取相应的措施以及采取何种等级的措施，都必须要有科学的依据。其次，即便是有可能存在风险，《卡塔赫纳生物安全议定书》及相关协议认为应严格管控甚至禁止该项具有风险的贸易。WTO 框架下的协议则规定，采取的风险防控措施不能阻碍正常的国际贸易，且采取的措施需要与经济能力和经济效益相协调，即在风险预防和风险控制上，要考虑收益问题，不能不计效益盲目地投入。WTO 作为促进世界贸易的组织，其对转基因作物规制的衡量点在于贸易的自由化以及经济效益化，与多边环境协议虽然有协调的一面，但更多的是冲突。如何协调和化解此类冲突，是国际环境法在转基因作物规制方面面临的重大挑战。

（二）利益集团之间的矛盾

转基因作物国际法规制的利益团体的冲突主要是转基因出口国和转基因进口国之间的冲突，主要分为激进集团、保守集团、折中集团和旁观集团。激进集团又称“迈阿密集团”，其成员国主要是转基因作物的主要生产国和出口国。1998 年 7 月，美国、加拿大、澳大利亚、阿根廷等国家在美国的迈阿密就协调《卡塔赫纳生物安全议定书》举行了会议，作为世界主要转基因作物及其制品的出口方，这些国家都不希望《卡塔赫纳生物安全议定书》限制他们的出口利益，所以一直反对保护生物多样性的谈判以及相关协议的签订。该议定书的相关规定也不利于这些国家获取生物科技带来的诸如专利使用费等利益。激进集团主要奉行可靠科学原则，[1]反对不必要的谈判。

保守集团主要是指欧盟。欧盟一直奉行强风险预防原则，欧盟内部的政治目标之一也是保护生物多样性，对可能带来风险的因素都进行了严格的控制。欧盟曾在 1998 年 10 月起一度“暂时中止”任何新的转基因产品上市，因而引起了与美国之间的国际贸易纠纷，即后来著名的“美国诉欧盟禁止进口转基因产品案”。该争议提交给了 WTO 争端解决机制，最终欧盟败诉。结果是欧盟后来颁布了《转基因食品及饲料条例》（1829/2003 号）、《转基因生

---

〔1〕 可靠科学原则是指科学是法律管制的基础，只有在科学证明有风险并可能导致损害时，才采取措施。

物追溯性及标识办法以及含转基因生物物质的食品及饲料产品的追溯性条例》(1830/2003号)这两个条例，稍微放开了对转基因作物的监管(实质上比原来更为严格，如对转基因作物的审查从食品扩大到了其他一切转基因涉及的领域)。除欧盟外，转基因生物技术不发达的国家也希望能出台一部规范性法律，保护自己国家的生物资源不被掠夺和损害。

折中集团主要由日本、韩国、墨西哥、挪威、瑞士、新加坡组成，他们既不赞同欧盟的强风险预防原则，也认为需要对转基因作物进行规制，态度较为中庸。最后是旁观者集团，该集团主要以中国为代表，还有少部分中东欧国家，如匈牙利等。这类国家少量种植和控制进口使用转基因作物，主要用于饲料或者日用品方面。由于转基因作物风险尚未显现，所以这些国家在一直密切关注国际转基因作物进展的同时，不明确表达自身的立场。近几年来，随着转基因作物的使用领域和范围不断扩大，旁观集团的态度开始有所变化，比如中国在2016年9月正式加入了《名古屋议定书》，逐渐重视对生物多样性的保护。

不同的集团之间对于转基因作物的态度差异是目前相关纠纷的深层次原因，有的纠纷因涉及集团自身的利益而不可调和，如何推进各利益集团之间的交流合作，是目前缓解转基因作物国际矛盾亟待解决的问题。

(三) 损害赔偿制度的漏洞

国际条约和协议对转基因作物的规定越来越完善，以《生物多样性公约》为框架，包括《卡塔赫纳生物安全议定书》《名古屋议定书》、联合国粮农组织与Codex食品标准委员会颁布的转基因技术相关安全作业程序或标准等规范，[1]体系相对健全，但也存在诸多的漏洞和缺陷，最重要的是损害赔偿制度的欠缺。《生物多样性公约》只提出了“就地保护”，即“保护生态系统和自然环境以及维护和恢复物种在其自然环境中有生存力的群体”。[2]《卡塔赫纳生物安全议定书》第17条规定对无意中造成的越境转移采取应急措施，对突发状况进行及时通知，第27条仅对损害赔偿进行了框架性的规定。[3]2010

〔1〕 该标准不具有国际法约束力，但由于其专业性受到WTO争端解决机构和部分国家遵守。

〔2〕 《生物多样性公约》第2条。

〔3〕 该条规定，作为本议定书缔约方会议的缔约方大会应在其第一次会议上发起一个旨在详细拟定适用于因改性活生物体的越境转移而造成损害的赔偿责任和补救方法的国际规则和程序的进程，同时分析和参照目前在国际法领域内就此类事项开展的工作，并争取在四年时间内完成这一进程。

年在日本名古屋召开的议定书第五次缔约方会议通过了《补充议定书》，该《补充议定书》作为责任和赔偿方面对《卡塔赫纳生物安全议定书》的补充，主要对损害赔偿的范围、因果关系、应对措施、豁免、时限、资金限制、追索权、财政担保等方面进行了规范。另一方面，也存在如下不足：首先是责任主体的确定，《补充议定书》第 5 条第 1 款规定，一旦有损害发生，“缔约方应要求相关的一个或多个经营人，遵照主管当局所提任何要求行事”。这里“经营人”被定义为“对改性活生物体（转基因作物）有直接或间接控制的任何人”〔1〕。第 11 条规定国家对国际不法行为的责任仅限于一般国际法规则下的权利和义务，即国家在赔偿方面仅负有督促、监督等方面的普通义务，而转基因作物带来的损害赔偿责任有可能是一般企业所不能负担的，国家不负责或少量负责赔偿责任不利于对受害者的救济。其次是适用法律的不统一，《补充议定书》第 12 条对议定书实施及民事赔偿责任的关系中规定，缔约方应当在国内法中规定处理损害的规则和程序；一旦发生损害时，适用国内法。〔2〕这里没有明确规定适用损害方的国内法还是受损害方的国内法。以欧盟和美国为例，欧盟在转基因的法律规制上严于美国，若美国出口的转基因作物在欧盟造成损害，在法律的适用上必然会有较大的争议。

五、健全转基因作物国际法规制的建议

针对目前转基因作物国际法规制存在规范之间的冲突、法律规范本身漏洞等方面的问题和挑战，笔者提出如下具体解决和应对的建议，以促进转基因作物国际法规制的健全和完善：

（一）建立专门的争端解决机制

转基因作物国际法规制的争议一直得不到调和的主要原因，是缺乏一个真正中立的争端解决机制。美国和欧盟在对待转基因作物的问题上分别持两

〔1〕“经营人”是指对改性活生物体有直接或间接控制的任何人：酌情并依照国内法所确定的，包括，除其他外，许可证持有者、将改性活生物体置于市场者、开发者、生产者、通知者、出口者、进口者、承运人或供应者。

〔2〕该条规定，缔约方应在国内法中规定处理损害的规则和程序。为履行这一义务，缔约方应根据本补充议定书对应措施作出规定并可酌情：a. 使用其现有国内法，包括使用的民事赔偿责任一般规则和程序；b. 适用或制定专门为此目的的民事赔偿责任的规则和程序；c. 适用或制定以上两者。

种完全相反的观点，所以他们之间争议也最多。以典型案例“美加阿诉欧盟农产品贸易案”（2003）和“美国诉欧盟禁止进口转基因农产品案”为例，前一例是指在1995年到2002年，美国对欧盟出口的转基因玉米从332万吨减少到2.3万吨，大豆也从981万吨减少到551万吨。在后一个案例中，因欧盟1998年“暂时中止”任何新的转基因产品上市，美国认为欧盟的措施构成了贸易性壁垒而提起诉讼。这两例案件都被定性为国际贸易争端而提交WTO争端解决机制解决，而WTO争端解决机制本身鼓励贸易自由化，与风险预防相违背，所以两个案件最后都以欧盟败诉结束，不但没有化解争端，反而激化了双方之间的矛盾。从结果来看，欧盟从表面上看似在妥协，实质上反而实施了更为严格的转基因作物防控制度。

贸易和对环境以及人体健康的保护不是完全对立的，恰好相反，他们都有相互促进的部分，都在追求可持续发展的目标。应在《卡塔赫纳生物安全议定书》体制下，由缔约国共同协商，设立专门的转基因作物争端解决机制，负责解决缔约国之间在议定书项下的冲突。这既可以使裁判结果更为合理公平，也可以促进对立双方的和解和生物科技的合理有序利用。

（二）加强国际交流与合作

加强国际交流与合作是解决国际纠纷的另一有效措施。在对转基因作物规制上，进行国际交流合作主要分为两个维度。第一维度是以美国为首的主要转基因作物出口国与转基因作物进口国之间的交流。第二个维度是发达国家与发展中国家之间的交流。第一个维度主要分为两个方面，首先是风险的细化，其次是生物技术的交流。风险的细化是针对美国与欧盟之间关于风险评级的信息交换。欧盟一直以来实行的是“一刀切”策略，只要存在可能风险，就进行严格防控甚至予以禁止。而美国是以科学为依据，对风险进行严格的层级划分。加强美国和欧盟之间的交流，尤其是对风险进行科学研究方面的交流，有助于双方在科学技术层面达成共识。美国和欧盟间的合作以能源领域为例，可以就目前双方所掌控的生物技术进行交流，欧盟可以适当进口风险较低的转基因作物做燃料等。

针对发达国家与发展中国家的争端，也需要加强生物技术的交流。发展中国家对待转基因作物的态度较为矛盾，一方面，他们经济还处于欠发达阶段，急需大量的粮食解决饥饿问题。另一方面，因为生物技术不发达，他们担心大量使用转基因作物会带来不可控风险。发达国家与发展中国家加强生物技术交流，尤其是全程控制等方面的技术，指导发展中国家进行有效的防控，使转基因作物在可控范围内得以利用，能够缓解南北矛盾。

（三）完善转基因作物国际法规范

转基因作物的国际法规范现已初步形成体系，但是针对不同规范之间存在冲突、损害赔偿制度尚存在漏洞等情形，需要进一步地完善，包括弥补损害赔偿制度的缺漏，设置条约冲突的解决条款等方面。

1. 弥补损害赔偿制度的缺漏

完善损害赔偿制度首先是确定责任主体。笔者认为，一旦发生转基因作物损害，国家应承担相应的责任。国家应成为责任主体有以下几点理由：第一，国家在转基因作物的进出口贸易中负有监管的义务。不能排除该损害是因国家的监管不力造成的，实行国家责任制度，有利于促使国家监管部门积极履行自己的监管职责。第二，确保对受害方的充分、有效救济。转基因作物可能带来的损害目前虽没有明显的科学证据，但是就其新技术性和使用范围较大的特征，一旦发生损害，可能是严重且范围较大的，单凭"经营人"即相关的企业，可能无法负担全部的赔偿责任，实行国家责任制有利于对受害方的救济。第三，国际判例确立的规则。在 1938 年的特雷尔冶炼厂（Trail Smelter）案中，仲裁庭提出了"一国在任何时候都有义务保证其境内私人有害活动不损害他国"，该案例确立了国家在对他国造成环境损害时，需要承担相应法律责任的原则。第四，国际趋势。2006 年国际法委员会通过了《关于危险活动造成的跨界损害案件中损失分配的原则草案》，该草案将国际法不加禁止行为产生损害后果的国际责任划分为"预防危险活动造成的跨界损害"和"危险活动引起跨界损害所造成的损失的国际责任"〔1〕，将国家在国际法不加禁止的活动中导致的损害分为没有履行预防责任的义务和履行预防责任义务后依然发生损害的"国际赔偿责任"。因此，转基因作物一旦发生损害，应把相关国家也列入责任主体之中。

关于损害发生后适用哪国法律的问题，笔者认为需要国家之间进行进一

〔1〕阙占文：《转基因生物越境转移损害责任问题研究——以〈生物安全议定书〉27 条为中心》，法律出版社 2011 年版，第 48 页。

步的磋商，共同探讨和制定比较客观中立的法律规范。目前各个缔约国因价值取向的不同导致在转基因规制上差别较大，制定共同的规范对冲突的解决尤为重要。在共同法律规范尚未完善之前，可将争议交由上文提到的争端解决机制进行解决。

2. 设置条约冲突的解决条款

条约之间存在冲突时，最有效的解决方式之一是设置冲突条款。冲突条款是国家间通过友好协商而制定的条款，在出现国际争议时，能有效地缓和双方之间的矛盾，最终达成共识和解决冲突。针对转基因作物规制的国际法规范间的冲突，相关国家可以就此进行协商，设置转基因作物在国际贸易协议中的冲突条款，当发生冲突时，可选择适用冲突条款。以美国和欧盟之间的冲突为例，双方经过谈判与磋商，在贸易协议中规定与转基因作物相关的优先适用条款，若发生了与转基因作物相关的冲突时，不需将纠纷交由 WTO 争端解决机制解决，而是通过适用前期磋商的争端解决条款解决。

结　语

转基因生物技术的迅速发展和广泛的运用，极大地促进了人类福利，带来了巨大的经济效益。同时，人们对其潜在的风险尚在预测阶段，缺乏科学证据作为支撑，带来了持不同观点的利益团体间的争议。建立和健全系统的转基因作物国际法规制体系是解决争端并在控制范围内有效使用转基因生物技术的有力保障。从现有的转基因国际法规范来看，已经初步形成了体系，在实施方面，加入《卡塔赫纳生物安全议定书》《名古屋议定书》等的国家也越来越多，为转基因作物国际法的发展打下了良好的基础。同时，相关国际法体系和规范也面临着巨大的挑战，比如关于转基因作物规制的国际环境法与国际贸易法之间的冲突，不同利益集团之间的冲突，以及转基因作物国际法本身存在缺陷等问题，都必须进行协调和解决。这需要对利益团体间的争端进行调节，对国际法规范之间存在的矛盾进行协调，对制度存在的缺漏如损害赔偿制度进行弥补，对未来可能出现的问题进行合理的预测，最终在促进经济社会发展的同时，降低可能的风险和损害，使转基因技术在安全可控的范围内为人类所用。

国际气候变化法律体制的新发展与中国的应对

常永辉

摘　要： 为了应对日益严峻的气候变化问题，国际社会先后通过谈判确立了以《联合国气候变化框架公约》《京都议定书》和《巴黎协定》为主体的国际气候变化法律体制。其中《巴黎协定》是国际气候变化法律体制的最新发展，在继承以往气候变化谈判的优秀成果时，创新性地增加了国家自主贡献、能力建设和透明度等内容，为2020年后的全球温室气体排放控制提供了长期保障。然而由于国际关系中的利益驱动和霸权干预，国际气候变化法律体制依然存在不少问题，其中《巴黎协定》的妥协性是其最直接的表现。面对这样的国际氛围，一直通过积极开发新能源、增加森林覆盖率和国际斡旋合作等途径，为国际气候治理作出突出贡献的中国，有必要在完善气候变化国内立法，进一步加强减碳、固碳措施和提升本土环境公益组织的实力等方面作好准备，为中国在新时期参加气候变化国际谈判和健全气候变化法律体制积攒更多的优势，推动人类命运共同体建设。

关键词： 气候变化　法律体制　《巴黎协定》　《京都议定书》　国家自主贡献

相较其他的有形自然要素，人类对于瞬息万变的气候关注较晚，直到20世纪70年代末，国际政治议程中才出现气候变化的有关议题。一方面源于气候变化是一个缓慢长期的过程，并不能为人类所直接感知；另一方面则在于科学家需要对气候变化现象涉及的大量技术数据进行收集与分析，现有科学对全球变暖等气候问题的研究尚不充分。但是随着工业化在全球的不断推进，大气中的温室气体含量不断增加，加之不断发展的前沿科技，气候变化对人类发展的潜在危害也被不断证实。为了人类的未来，国际社会开始了气候变化法律体制的筹建工作。

一、国际气候变化法律体制的确立与发展

随着各国对气候变化不利影响认识的加深，联合国气候变化大会多次组织召开政府间的气候变化研讨会，并促成各方签署了应对气候变化问题的国际条约和软法文件，包括《联合国气候变化框架公约》《京都议定书》和《哥本哈根协议》等。

（一）国际气候变化法律体制的正式确立——《联合国气候变化框架公约》

国际社会从 20 世纪 70 年代起对气候变化进行了许多有益的探索。比如 1985 年，联合国环境规划署会同其他国际组织在奥地利菲拉赫开展的温室气体国际会议上，首次就国际社会制定预防气候变化的国际性法律提出倡议；1988 年，国际社会经过多次的沟通和协调，成立了政府间气候变化专门委员会（IPCC），以此作为各国政府关注气候变化问题的平台；1989 年，联合国环境规划署与世界气候组织的相关领导就《联合国气候变化框架公约》（以下简称《公约》）的谈判事宜进行了接洽。[1]经过国际社会长期的谈判，《公约》于 1992 年 5 月获得通过，标志着国际气候变化法律体制的正式确立。《公约》目前共有 197 个缔约国。

《公约》是人类在未知的气候变化问题上迈出的第一步，一定程度上呼应了各方的诉求。比如倡导各方尽力在 2000 年将二氧化碳和《蒙特利尔议定书》未加规制的其他温室气体的整体人为排放量减至 1990 年标准；对气候变化的相关术语和概念进行了界定；指出地球气候变化和其不良后果是全人类

---

〔1〕 李传轩、肖磊、邓炜等：《气候变化与环境法：理论与实践》，法律出版社 2011 年版，第 42~44 页。

关注的焦点；要求维护发展中国家的利益，并制定长效机制以推进温室气体减排等。同时《公约》还确立了共同但有区别的责任、风险预防、不得以应对气候变化为由设置贸易壁垒等许多应对气候变化的基本原则。这些框架性规定为后续相关法律的制定和问题的解决奠定了基础。

《公约》是首个有关气候变化应对的国际条约，因此在国际气候变化谈判的道路上有着非比寻常的地位。一方面，《公约》将许多国家和地区联系到了一起，在《公约》生效后，包括中国在内的许多发展中国家主动投身于地球气候变化治理的行动中，为预防气候变化提供了有生力量，也为后期许多气候变化会议提供了合作保障；另一方面，《公约》的谈判之路也为后来的气候变化谈判积累了大量的经验，同时《公约》所确立的基本原则更为今后人类如何进行大气环境保护指明了方向。比如明确规定共同但有区别的责任原则，并通过一系列规定使该原则得以具体落实，为广大发展中国家参与国际环境保护打了一剂强心针。《公约》依然存在许多的弊端，如在内容上仅仅是框架性的粗略规定，并没有对某些缔约方需要详细履行的义务进行规定，对发展中国家的资金、技术和信息援助措施的规定并不具体等。因此在气候环境不断恶化的情况下，国际社会亟需进行新一轮的磋商以确定各自的责任范围，以保障大气中温室气体的含量能够实质性减低。

（二）国际气候变化法律体制的发展——《京都议定书》

《公约》在人类预防气候恶化的进程中具有重大意义，但是其内容的模糊性和法律约束力不足等问题也十分明显。因此国际社会在 1995 年通过《柏林授权书》，呼吁尽快制定一套更具实际操作性和法律约束力的方案或协议，以促使温室气体减排构想的达成，所以《京都议定书》（以下简称《议定书》）于 1997 年的第三次缔约方大会上得以顺利通过。1998 年至 2004 年间，缔约国不断进行谈判，以完善《议定书》中有关发达国家的减排责任，资金、技术的具体援助措施，以及创设新机制等规定。到 2005 年 2 月 16 日，《议定书》对所有签署并核准的国家、地区以及国际组织正式生效，如中国、俄罗斯、欧盟等。目前共有 142 个国家或地区加入了《议定书》。

《议定书》希望将全球温室气体的排放量在 1990 年水准上最少降低 5 个百分点，并明确了发达国家的强制性减排义务。比如到 2005 年时，发达国家需要在《议定书》规定的承诺范畴内开展实质性的减排行动，同时还需要在资金和技术等方面为广大发展中国家提供新的、额外的援助等。《议定书》还确立了清洁发展、联合履约和排放交易三大市场机制，以降低发达国家在承担减排义务时所造成的经济损失。

《议定书》的通过和实施标志着国际气候变化法律体制的进一步发展。一方面在于国际社会有了控制温室气体排放的具体性条约。在共同但有区别的原则指引下，《议定书》充分考虑到不同国家之间的历史、经济及发展情况，豁免了广大发展中国家从2008~2012年的控温义务，但就工业国家的控温义务进行了明确的规定。另一方面，在长期的谈判中，经过不同利益体的反复磨合，《议定书》创造性地建立了许多新机制（如三大机制）以搁置不同国家的矛盾，壮大了应对气候变化的力量。但是在长达十年的谈判中，可以发现国际合作的不确定性和大国主导性十分明显。以美国为代表的工业国家对《议定书》的冷淡是其迟迟不能生效的重要原因，而且尽管《议定书》因为俄罗斯的加入而发生法律效力，但是许多国家对于自身的减排义务并不认同，一直寻求机会退出《议定书》，如加拿大。其实小微国家才是气候变化的直接受害方，如海洋中的岛国、沿海低地国家等，但他们却没有更多的发言权，在促成相关气候变化协议生效上的力量也十分有限。因此，有影响力的大国自觉承担减排义务并采取有力措施积极维护国际正义，实际上是解决气候变化问题最有效的推动力。

（三）后《京都议定书》时代

在《议定书》生效后，为了维护前期会议的成果，越来越多的发展中国家开始参与到温室气体的控制计划中，这也是后京都时代的主要特点。这一时期国际社会通过了许多重要文件，如《巴厘岛路线图》《哥本哈根协议》《坎昆协议》《德班一揽子决议》等。尽管这些文件没有法律约束力，也在继续推动国际气候变化法律体制的演进和发展。

1.《巴厘岛路线图》

2007年12月，《公约》缔约方在印尼巴厘岛通过了《巴厘岛路线图》。文件规定应当争取在第十五届缔约方会议上通过第二承诺期的相关协议，并确定了长期的控温目标的构想；同时要求增强人类的适应性，积极制定风险管理和减少风险战略；尽快确定资金援助、技术转让方面的具体办法，减少对发展中国家的技术转让阻碍等。[1]这为尽快做好第一承诺期的接洽工作打下了良好的基础，也促使国际气候变化会谈从单轨制转变为双轨制。中国在此次会议中多方斡旋，推动合作，以其实际行动为《巴厘岛路线图》的最终形成作出了突出贡献，也为后续的气候变化谈判树立了良好的大国形象。

2.《哥本哈根协议》

2009年12月，《公约》缔约方会议第十五次会议在丹麦哥本哈根召开，就《巴厘岛路线图》和《京都议定书》中发达国家第二承诺期的减排目标展开协商与讨论，并通过了《哥本哈根协议》。协议指出小岛屿发展中国家和贫穷的非洲国家是气候变化的直接受害方，同时要求成立哥本哈根气候基金和建立技术机制，以增强广大发展中国家的危机应对实力。国际社会对此次会议的评价很高，称其是“拯救人类的最后一次机会”。同时中美在会议上的和平对话，也展现了大国合作对气候变化谈判的积极作用。

3.《坎昆协议》

2010年12月，《公约》第十六次缔约方会议在墨西哥坎昆召开，并达成了《坎昆协议》。中国努力在发展中国家和发达国家间进行斡旋，推动了气候谈判的顺利进行。《坎昆协议》正式肯定了发达国家的控温目标和发展中国家的减排行动，并且极大地丰富了清洁发展机制的内涵，便利了发展中国家的技术援助渠道，另外还积极规划“绿色气候基金”成立事宜，以促进资金的筹集和使用，这些措施为后期谈判的进行带来了便利。

4.《德班一揽子决议》

2011年11月，《公约》第十七次缔约方会议在南非德班形成了《德班一揽子决议》，明确了各国要致力于在2015年生成一个适用于全部《公约》缔约方的国际性法律方案；同时就《议定书》第二承诺期和绿色气候基金的开展情况进行了规定。《德班一揽子决议》不仅为后来《巴黎协定》的缔结创造了条件，也为全球应对气候变化描绘了具体图景。而中国代表团在会上的表现，也给予了广大发展中国家以最大的鼓舞。

后京都时代的气候变化会议，均是对《议定书》第二承诺期内容的进一步发展和完善。虽然这其中不同利益阵营的矛盾持续升级，但不断深入的谈

---

〔1〕参见《〈联合国气候变化框架公约〉缔约方会议第十三届会议报告——巴厘岛行动计划》第1条规定。

判也为国际气候变化法律体制的演进积累了经验，同时部分发展中国家经济力量的持续壮大，也使发达国家不得不回到谈判桌前，正视缺席气候变化会议的不利影响。

二、国际气候变化法律体制的最新发展—《巴黎协定》

为了尽快落实《议定书》第二承诺期发达国家的减排义务，国际社会推进了谈判速度，在 2012 年通过了《多哈修正案》，明确规定 2013 年至 2020 年为《议定书》第二承诺期，维护了国际社会多年来苦心经营的重要成果，一定程度上确保了全球减缓气候变化事业的稳步发展。但是加拿大、日本和新西兰等国明确拒绝加入《议定书》第二承诺期，这不仅削弱了国际控温力量，也为后期气候变化问题的进一步磋商带来了危机。当时全球形成的气候变化法律体制对 2020 年以后的气候变化应对措施缺乏具体规定，随着时间的推移，如果国际社会深陷气候变化谈判的泥淖，而迟迟不能对 2020 年以后的国际减排事业达成一致协议并制定清晰的权责体系，那么待到 2020 年，国际社会经过艰苦努力而形成的应对气候变化问题的良好格局将会迅速解体，人类遭受气候变化危害的风险指数将进一步提高。因此联合国在《议定书》第二承诺期确立后，迅速组织各国进行新一轮磋商，以期在第二承诺期内迅速达成能够替代《议定书》的长期性的国际法律文件，在协调各方矛盾的同时，既能弥补当前法律文件的不足，又能指引国际气候变化法律体制的最新发展，保障气候安全。《巴黎协定》就是在如此的国际环境下开始谈判并达成的。

（一）《巴黎协定》的制定与生效

可以肯定的是，早在巴厘岛会议时，国际有识之士就深刻地认识到当前国际气候变化法律体制的不稳定性，《巴厘岛路线图》希望在后期的会议中能够制定长期的全球减排目标，这可被视为《巴黎协定》的萌芽。然而当时国际社会还在为《议定书》第二承诺期的不确定性而忧虑，故而良好的愿望并未得到足够的重视。随着《多哈修正案》确立了《议定书》第二承诺期，国际社会开始了新一轮针对长效减排机制的谈判。比如 2013 年的华沙气候大会，各方代表在德班平台决议、气候资金和损失损害救济机制等方面达成共识，加快了国际社会制定气候变化新协议的速度；2014 年的利马气候大会，各方较为充分地阐述了本国对气候变化问题的立场，同时还在应对气候变化的减缓和适应、资金支持和能力建设等方面进行了激烈讨论，为新协议的内容提供了许多有益的素材。最终，在《公约》197 个缔约方的支持下，《巴黎协定》于 2015 年 12 月 12 日在法国巴黎正式通过，并于 2016 年 4 月 22 日在纽约供各国开放签署。《巴黎协定》2016 年 10 月 5 日满足了第二十一条第一款限定的生效条件，于 2016 年 11 月 4 日正式生效。中国 2016 年 9 月 3 日宣布加入《巴黎协定》，是批准协定比较早的国家。在 2018 年 12 月的波兰气候大会上，缔约国就《巴黎协定》的具体实施细节达成了一致意见。〔1〕

（二）《巴黎协定》的主要内容评析

《巴黎协定》的篇幅虽然很短，只有 29 条，但是却涵盖当前气候变化治理的许多方面，也为将来气候变化谈判指明了新方向。协定不仅继承了前期众多会议谈判的成果，如适应、资金和技术机制等，还根据实际情况创造性地构建了许多更具操作性和更容易让多方接受的制度，如损害预警、透明度和全球盘点等。

1. 长期目标和原则

《巴黎协定》希望通过建立可持续发展的格局和努力消除现有范围内贫困的方式，达到两方面的目标，一是以工业化前的气温水平为基准，将全球平均气温升幅约束在此基准上的 2°C 以内，并致力于将气温升幅限定在此基准上的 1. 5°C 以内；二是提高全球应对气候变化威胁的能力，同时注重粮食的生产安全。而在协议的执行上，则要求各国以自身的国情为出发点，努力体现共同但有区别的责任原则。〔2〕由此可以看出，协议充分尊重和反映了不同国家在以往气候会议中的利益诉求。

2. 缔约方的义务

为了更好地推进长期气温目标的落实，国际社会在气候变化谈判中对各

〔1〕 波兰气候大会，也即联合国气候变化卡托维兹大会，2018 年 12 月 2 日至 2018 年 12 月 15 日在波兰卡托维兹举办，对《巴黎协定》的实施细则进行了谈判。大会如期完成了《巴黎协定》实施细则谈判，通过了一揽子全面、平衡、有力度的成果，全面落实了《巴黎协定》各项条款要求，体现了公平、共同但有区别的责任、各自能力原则，考虑到不同国情，符合“国家自主贡献”安排，体现了行动和支持相匹配，为协定实施奠定了制度和规则基础。参见《联合国气候变化卡托维兹大会顺利闭幕，全面开启巴黎协定实施新征程》，http://www. mee. gov. cn/xxgk2018/xxgk/xxgk15/201812/t20181216_684911. html，最后访问时间：2019 年 5 月 22 日。

〔2〕 参见《巴黎协定》第 2 条规定。

缔约方的实际国情进行了综合考量，在协定中对各缔约方规定了更具有操作性的义务，比如国家自主贡献、增强适应性、损失损害合作、资金援助、落实技术开发与转让等。

（1）国家自主贡献。

协定规定各缔约方 2020 年以后在应对气候变化问题上，自主设立本国的减排目标，每五年向气候变化大会通报一次。不过此目标并非长期定值，各缔约方将以当前目标为基准，在各自实际国情的条件下逐渐提高自己的国家自主贡献，而且提高的空间需要尽量体现其在能力范围内的最大减排力度。气候变化大会则根据各缔约方上报的自主贡献情况，对国际减排情况作进一步的制度设计与安排；同时允许缔约方按照《巴黎协定》的规定，对其现有的国家自主贡献进行更改。在实现目标的方式上，提倡多方参与，通过多种渠道实现减排目标。协议不仅提倡缔约方以自愿协作的方式完成各自的国家自主贡献，以增强彼此的适应能力，还鼓励公私实体共同完成国家自主贡献，要求各缔约方在国情背景下努力制定并分享持续性的低碳排放规划。在利益衡量上，侧重保护广大发展中国家的实际利益，要求发达国家在自主贡献框架下继续带头，承担绝对减排目标，而广大发展中国家则在加强自身的减缓努力的过程中，根据国情，逐渐达到整体经济的绝对减排或限排目标。[1]

（2）增强适应性。

协定要求各缔约方在实现协议的长期目标范围内逐渐增强适应能力和抗御力，并减少气候变化给自身带来的脆弱性。协议首先明确了适应行动的全面性和重要性，强调适应行动涉及地方、国家和国际多个层面，而且适应行动自身存在巨大的力量，在保障人类生存和生态系统安全中扮演着积极角色；其次规定了适应行动的方法，包括要求适应行动应针对不同群体、社区和生态系统的实际情形开展，也包括在遵循当前科学的前提下，尊重非常规知识体系，将行动与传统知识、土著知识和地方知识相结合；再次，倡导适应行动的国际合作，比如通过科学、政策等方面的信息交流带动优秀经验的传播，各缔约方就自身的实际情况开展适应规划的制定，按时提交和更新适应信息等；最后，重视发展中国家的作用和短板，一方面依据《公约》第一次缔约方会议确立的模式，肯定了广大发展中国家在适应气候变化方面所作出的努

〔1〕 参见《巴黎协定》第 4 条、第 6 条的规定。

力，提高了此类国家的参与热情；另一方面，着重改善时刻处于气候变化高压危险下的发展中国家的适应能力，要求考虑境况窘迫的发展中国家的需求，适应行动的国际合作也应当从发展中国家的实际需要出发。[1]

（3）损失损害合作。

伴随着一系列气候变化后果的显现，比如局部干旱、极地冰川融化等，不同的国家在许多领域遭受了不同程度的损害和经济损失，比如海平面上升、粮食减产等，因此国际社会对于迅速处理气候变化的损失损害的紧迫性有了清晰的认识。《巴黎协定》一方面督促各缔约方重视可持续发展在损失损害防御中的积极作用，并将华沙国际机制[2]确立为损失损害防御的指导机制，《巴黎协定》的缔约方会议将对加强此机制发挥应有的作用，而且要求该机制应与协定内外的组织和专家积极合作，以保证华沙国际机制的内外联动性和运行能力。另一方面，要求缔约方之间就损失损害问题加强国际合作，并规定了合作应当注意的条件和内容：一是可以以华沙国际机制为平台，在损失和损害方面增进理解、行动和支持，以凸显合作的针对性；二是损失损害的合作应当在建立预警系统、广泛开展应急准备、重视缓发事件、敏感对待可能涉及不可逆和永久性损害的事件等方面展开。[3]归根而言，均是为了提高不同经济体的风险应对能力，以降低各方面的损失，也可理解为加强对脆弱国家的政策倾斜力度。

（4）资金援助。

早在《公约》制定时，国际社会就期待建立体系化的资金援助机制，之后的气候大会也对此进行了积极商榷，以督促各缔约方特别是发达国家主动承担这一责任，从而保障发展中国家在减缓和适应方面的资金充裕度。此次协议再次肯定了国际社会对资金机制的动议，对此机制安排作了更加详细的规定，以保障资金渠道的畅通和资金利用的合理性。具体表现在以下方面：在资金的筹集方式上，以发达国家缔约方供给为主，积极拓宽资金收集的其他渠道，比如不仅倡导其他缔约方自愿或持续供应资金，还通过大量的手段募集其他种类资金，同时重视公共基金在当前支持国家战略中的积极作用，

---

〔1〕 参见《巴黎协定》第7条规定。

〔2〕 华沙国际机制是2013年华沙气候大会提出的损失损害补偿机制。

〔3〕 参见《巴黎协定》第8条规定。

大力发展应对气候变化的公共基金；在资金的利用上，一是重视特殊群体的特殊情况，尤其对那些极易遭受气候变化不良后果、自身应对气候变化的能力严重偏低的国家的优先需求进行着重考虑，如最不发达国家、小岛屿发展中国家。二是优化资金申请的流程，精简审批程序，以保障需求方及时获得资金支持，尤其是前述的特殊国家；在资金管理上，设立了固定的经营实体以促进资金的合理运营，同时要求履行强制性减排义务的主体定期（每两年）就预期可投入的资金开展通报，鼓励其他缔约方自愿通报。[1]

（5）技术开发与转让。

当代世界是科技大发展的时代，技术在改变人类生活以及改善生态环境方面有着特殊的意义，但是技术实力的不均衡化也是人类在面对全球环境问题时存在的一大障碍。早在20世纪末，许多有识之士就提出了一个新的气候变化应对方案，即在世界范围内稳步推进技术的开发与转让，以期在提高个体的灾害应对能力时，也能助长整体的气候变化抵抗力。因此协议在继续追随《公约》的美好愿景和融合多次气候会议成果的前提下，对新时期的技术开发与转让作了进一步规定。一是肯定了《公约》设立技术机制的构想，并将其纳入《巴黎协定》框架下；二是推进技术框架的形成，以便技术机制在实际行动中更好地推动技术的开发和转让；三是呼吁各缔约方加强技术创新，重视技术创新在气候变化应对中的独特意义，且气候变化会议的技术机制和资金机制将联合保障这一行动；四是要求发达国家对发展中国家的技术开发全程和转让方面进行援助，以促进人类在气候变化的减缓和适应方面的均衡化。[2]

（6）能力建设。

随着全球气候治理事业的平稳推进，国际社会逐渐认识到资金和技术援助仅仅只能对广大发展中国家的某些问题有些许改善，从长期角度而言，这种杯水车薪的做法并不能够促进气候变化问题的高效解决，反而会增加发达国家在气候变化谈判中的消极抵触情绪，进而影响到后续温室气体减排事业的发展。因此在国际气候变化法律体制发展的新时期，《巴黎协议》就广大发展中国家在气候变化领域中的能力建设进行了规定。首先，国际社会应当在

---

〔1〕 参见《巴黎协定》第9条的规定。

〔2〕 参见《巴黎协定》第10条的规定。

技术的开发和推广，气候资金的获得，应对气候变化的教育、培训和公共宣传等方面为广大发展中国家提供便利，促进信息通报，并优先照顾能力弱小的国家，如发展中的小岛国家。其次，各发展中国家应发挥国家驱动作用，建立国家、次国家和地方为主体的三级立体的气候变化应对体系，调动各个部门的参与积极性，促进气候变化应对智库建设。再次，以合作促建设，确认了发达国家在帮助发展中国家进行能力建设方面的责任主体资格。最后，落实能力建设通报，发达国需要定期对帮助广大发展中国家开展能力建设的措施和行动进行通报，广大发展中国家也需要定期对本国开展能力建设的实际进展进行通报。[1]

（7）透明度。

虽然长期以来，多次世界气候大会达成了许多协议，但整体而言，全球的控温措施并未得到很好的贯彻执行。这其中固然存在不负责任的大国干预因素，但根本原因在于国际社会缺乏对控温行动的监督机制，从而加剧了各国在气候问题上的政治不信任。因此，《巴黎协定》拟建立各国定期应对气候变化的信息通报机制，以推进全球减碳举措和支助体系的透明化，从而保障新时期全球温室气体控制计划的稳定推进。比如在信息通报的内容上，所有缔约方都应提交温室气体源的人为排放量和汇总的清除量的国家清单报告、本国在执行和实现国家自主贡献方面取得的进展情况和适应性相关的信息等。同时发达国家和发展中国家还应分别就资金、技术转让和能力建设方面的援助与被援助情况进行通报。在通报信息校验上，由气候大会组织技术专家开展评审，并要求各缔约方参与促进性的多方审议，以增进互信。在通报政策上，普遍照顾广大发展中国家尤其是最不发达国家和小岛屿国家的利益，允许其在维护国家主权的前提下灵活地执行信息报送的规定。[2]

除此之外，《巴黎协定》还在改善全球森林状况、加强公众参与以及全球盘点等方面作了较详尽的规定。比如，鼓励缔约方开展国内的森林养护工作，并通过激励机制促进经济发展较弱国家的森林养护工作；缔约方应加强合作，加强对气候变化的宣传教育，同时还要为公众了解和参与气候变化应对活动提供便利条件；自2023年起，每五年开展一次全球盘点，以促进协议的顺利

〔1〕参见《巴黎协定》第11条的规定。

〔2〕参见《巴黎协定》第13条的规定。

执行。[1]总而言之，这些规定不仅坚定地维护了《公约》所确立的基本原则，在政策的制定上更偏重于发展中国家的利益，还为2020年后各国在应对气候变化领域的谈判奠定了坚实的根基，推动了国际气候变化法律体制在新时期的发展。

（三）《巴黎协定》的影响

如前所述，《巴黎协定》的诞生对国际社会影响深远。一方面在于它是国际气候变化法律体制的最新发展，也是对《公约》的进一步细化，更是对一直以来气候大会谈判的优秀成果的积累，为人类2020年后的气候变化应对奠定了基石，也为《议定书》圆满结束自己的使命提供了保障，从此人类进入了应对气候变化的新时期。另一方面，相较于以往的气候变化谈判成果，《巴黎协定》在应对气候变化问题上具备更大的优势。比如从其迅速通过并生效可以看出，各国进一步深化了对气候变化不利影响的认识，原先专注于各自利益得失的许多国家迅速作出反应，纷纷批准了《巴黎协定》，这极大地动摇了发达国家在国际会议中的专权地位。从其目标的长期性可以看出人类对于当前国际社会无休止的短期目标谈判的厌恶，期待将温室气体控制当作一项长期可持续的项目，以遏制不断恶化的气候变化局势。从其制度设计的具体化可以看出，国际社会期待用实际行动改善当前国际条约执行不力的局面，通过落实资金和技术领域的合作、国家自主贡献机制和鼓励森林养护等措施，提高弱小国家的应对能力，以点带面，促进整体的控温实力。但是即便如此，《巴黎协定》的不足之处也显而易见，比如缺乏一定的惩罚约束机制，大国力量的左右，某些制度的实际操作性较低等，这些问题都有待以后进一步解决。

（四）《巴黎协定》与《京都议定书》的比较

《议定书》和《巴黎协定》虽然诞生于不同的历史阶段，但从时间顺序上来讲，同是《公约》框架下的气候变化协议，《巴黎协定》不可避免地对《议定书》有所承接，但又存在着很多的不同。对这两部国际条约进行全面比较，分析它们存在的异同，对于了解它们所寄托的不同时代人类对于应对气候变化的愿景，以及它们在不同的历史时期所发挥的作用有着重要意义，同

---

〔1〕 参见《巴黎协定》第5条、第12条和第13条的规定。

时对之后的国际气候谈判也大有裨益。

1. 相同点

其一，法律渊源相同。无论是《议定书》还是《巴黎协定》，在很多内容上，诸如有关资金和技术的规定，都承袭了《公约》的规定，或者是对《公约》构想的进一步细化，都在不同程度上继承了《公约》的愿景。其二，两者都贯彻了共同但有区别的责任原则。一方面，两者都要求发达国家承担主要的减排责任，对发展中国家的减排责任则作出灵活规定，比如《议定书》并未要求发展中国家承担减排温室气体的强制性义务，《巴黎协定》则规定发展中国家可以依据实际国情来承担减排义务。另一方面，它们都要求发达国家在全球气候变化应对中对发展中国家提供资金和技术援助，以保障发展中国家的能力建设。其三，两者都具有妥协性。国际关系中的利益主导性决定了任何气候变化协议的产生都是各利益方相互妥协的产物，这在《议定书》和《巴黎协定》的谈判过程和减排体制安排上体现的十分明显。尽管国际社会为应对气候变化问题倾注了许多的心血，依旧改变不了两者存在的实际操作性低微，对发达国家的责任划分不明确，条约实施的后续谈判乏力等缺陷，后京都时代的会议以及2018年末的波兰气候峰会都证实了这一点。

2. 不同点

一是目标不同。《议定书》的目标是将全球温室气体的排放量在1990年水准上最少降低5个百分点，为实现这一目标，仅仅规定了发达国家和经济转型国家在第一承诺期（2008-2012年）的减排指标分配，缔约国又经过谈判确立了第二承诺期的减排指标分配。《巴黎协定》则将工业化前的全球平均气温作为基准，将温度升幅控制在基准以上的2°C之内，最好将气温升幅进一步限定在基准上的1.5°C之内，这一定程度上节约了气候谈判的成本。二是减排义务主体不同。《议定书》规定发达国家和经济转型国家是承担强制性减排义务的主体，豁免了广大发展中国家的减排义务。《巴黎协定》则基于国家自主贡献，规定所有缔约方都是减排义务的主体，但发达国家和发展中国家的义务类别有所不同，前者承担强制性减排义务，后者则根据国情承担限制性减排义务。三是实施效果或有不同。《议定书》在通过后的很长时间里并不被许多国家认同，尤其发达国家，因为它只规定了发达国家的减排义务，导致有的发达国家退出《议定书》，而且忽略了许多极易遭受气候变化损失的国家的利益，实施效果很不理想。《巴黎协定》则不同，在其诞生之初，迅速在世界范围内获得了普遍认可，而且其在制度设计方面也综合了各方的利益诉求，增强了对发展中国家尤其是最不发达国家和小岛国家利益的保护，提高了其参与意愿和参与程度。

三、国际气候变化法律体制新发展中存在的问题

尽管自20世纪90年代国际气候变化法律体制正式确立，国际社会就针对气候变化具体应对措施不断开展谈判，先后通过了许多国际法律文件，然而大气中的温室气体依然只增不减，全球变暖的趋势愈加明显。其间固然存在大国的霸权政治，有意忽略其他国家正当利益的问题，也在于不同国家之间有着不同的利益考量。展望未来，国际社会在进行气候变化谈判时应当着重解决以下问题。

（一）岛国救济措施的忽视

相比其他国家来说，和气候变化方面的环境利益有更多直接关系的是那些最容易受到海平面上升影响的小岛屿国家。故而在一系列气候变化大会中，面对发达国家的不负责任，他们也是最先妥协的。虽然《公约》和《巴黎协定》都规定要保护小岛国家的权益，但是并未对易受气候变化损害的小岛国家进行名录保护，而且针对小岛国家的资金、技术等援助措施并不具体，导致许多小岛国家走上了自救的道路，比如岛国图瓦卢，自2001年以后许多国民相继移民新西兰，成为第一个因气候变化的不利影响而逐渐丧失家园的国家。但这仅仅是个开始，更多岛国也都面临这个紧迫的问题，如马尔代夫。相比气候大会上南北国家之间因为谁更应该减少温室气体的排放而相互扯皮，对小岛国家提供救济措施才是目前最紧迫的问题。

（二）大国政治的负面作用

纵观每一次气候变化会议，就全球变暖的责任议题，南北阵营中的大国没有停止过争吵，如巴厘岛气候大会，哥本哈根气候大会等，而且大国对这些会议的干预也可见一斑。诚然大国政治的支持对国际会议的顺利进行有积极的作用，而且大国的支持与否往往是谈判最终能否成功的关键，比如被誉为史上最成功的气候大会——巴黎气候大会，其背后便是欧盟、中国和美国的积极推动。但是气候变化会议中的大国政治带来的负面影响也不容小觑，

如后京都时代的每次讨论决定权都在大国，小国和弱国的影响力微乎其微，可他们却是最易受全球变暖影响的国家。因此在许多气候变化会议上都会出现这样的局面，一方面，众多因全球变暖而心急如焚的小岛国家和低洼国家亟待全球达成统一的意见，应对日益严峻的环境形势；另一方面，温室气体的主要排放国却在逃避责任，特别是以美国为首的工业国家，致使国际会议常常陷入僵局。最终，广大发展中国家不得不向发达国家妥协，放弃自身的正当权益，担负起减排任务，这样不仅降低了本国的经济增长速度，也削弱了自身的气候变化应对能力。

（三）与其他国际法律的冲突

国际社会普遍支持以植树造林的方式增强森林的碳吸收能力，将其作为应对气候变化、提高森林覆盖率的重要措施。比如《巴黎协定》第五条规定，“1. 缔约方应当采取行动酌情养护和加强《公约》第四条第 1 款 d 项所述的温室气体的汇和库，包括森林；2. 鼓励缔约方采取行动，包括通过基于成果的支付，执行和支持在《公约》下已确定的有关指导和决定中提出的有关以下方面的现有框架：为减少毁林和森林退化造成的排放所涉活动采取的政策方法和积极奖励措施，以及发展中国家养护、可持续管理森林和增强森林碳储量的作用……”然而需要注意的是，《生物多样性公约》要求保留自然的现有状态，不允许通过造林改变其现状。因此，未来需要考虑和解决如何促进《巴黎协定》与其他国际法律的融合问题。

（四）绿色气候基金的不足

2010 年坎昆会议通过了成立一个旨在支援发展中国家适应气候变化的绿色气候基金的决定，该基金将为实现《巴黎协定》缔约国承诺的维持全球气候升温在 2℃以下的目标起到资金支持作用。发达国家需要依照协议的规定，在 2010 至 2012 年共提供 300 亿美元作为绿色气候基金的迅速启动资金，同时发达国家在《议定书》第二承诺期内的每一年均需提供 1000 亿美元，以支援发展中国家更好地抵御气候变化的危险。[1]然而现在承诺期将过，筹资现状却十分窘迫。在德班会议召开前，德国和丹麦分别表示将向绿色气候基金提

〔1〕 薄燕：“从华沙气候大会看国际气候变化谈判中的合作与分歧”，载《当代世界》（焦点透视）2013 年第 12 期。

供4000万和1500万欧元，但并无可靠的资料显示两国后来履行了该承诺。故而虽然各国形成了基金注资的协议，但发达国家兑现资金的承诺依旧具有不确定性，资金目标的达成是一个漫长之路。

四、中国的应对

面对全球气候变化问题的不断严峻，在经济领域逐渐拥有更多话语权的中国，在气候变化谈判舞台上的作用也越来越强。作为积极负责的大国，中国始终关注全球气候变化形势，一方面以自己的实际行动为全球的温室气体控制作出贡献，另一方面也在应对国际气候变化法律体制的新发展所带来的新挑战。

（一）中国的贡献

中国政府始终密切关注气候变化的相关问题，积极履行大国责任，努力利用自身优势团结广大发展中国家，促进国际合作，为全球的控温事业作出了重大贡献。

1. 开展国际合作

当前中国经济的平稳崛起，使中国在国际政治中享有更多话语权，许多国家都希望中国能够成为促进国际公平正义的重要砝码。因此在后京都时代的众多会议中，中国都积极地从发展中国家的角度讨论和应对气候问题，主动投身国际减排行动，加强国际合作，履行大国责任。比如在哥本哈根会议中，时任国务院总理温家宝从以下三方面向世界表明了中国的减排立场：第一，中国的减排行动是无条件、独立自主的和无商量余地的；第二，中国一定会履行自己的减排计划，因为这也符合中国人民的利益；第三，中国愿意与其他国家在增加自主减缓排行动的透明度方面开展广泛的交流与合作，也愿意将全球升温不超过2°C作为自己的长期减排目标。[1]这充分展示了中国谋发展、促合作、负责任的大国形象，也为《哥本哈根协议》的达成作出了突出贡献。在2015年巴黎气候变化会议上，中国签署了《巴黎协定》，时任国务院副总理张高丽向世界阐明了中国在国际气候变化法律体制发展的新时

〔1〕《新华社发温家宝哥本哈根斡旋内幕，反击西方指责》，http://finance.sina.com.cn/g/20091224/23017151949.shtml，最后访问时间：2019年5月16日。

期的控温行动，为不同国家开展应对气候变化的协作增进了互信：一是贯彻创新、协调、绿色、开放和共享的发展理念；二是尽快将《巴黎协定》的构想落实到行动上去，努力完成国内的减排工作；三是积极开展在应对气候变化方面的国际交流，让世界看到中国的责任心和践行力。[1]

2. 提高地球的固碳能力

绿色植物对于碳的吸收有着重要的生态作用，但随着人类对自然征服速度的加快，地球的植被逐渐受到严重破坏。中国的情况更不容乐观，建国初期中国的森林覆盖率不足百分之十三，人均森林覆盖率更低。为了提高森林覆盖率，应对气候变化，中国出台了大量行之有效的政策。比如，将每年3月12日定为国家植树节，大力开展义务植树；划拨大量的资金用于重要地区的森林、湿地等生态系统的修复工作，特别是生态脆弱的干旱半干旱地区和大型森林覆盖区，如大兴安岭地区、三北防护林、毛乌素沙漠防护带、塞罕坝林场等；加强保护植被的立法工作，以促进现有植被的保护和稳步增长，如《森林法》《草原法》《湿地保护管理规定》等。2016年中国森林覆盖率已突破陆地国土总面积的五分之一，上升至21.66%，而两年后的中国政府落实了许多国土绿化项目，并计划到2020年将森林覆盖率提高到23.04%、到2035年提高到26%、到2050年向世界平均水平看齐。[2]这促进了中国固碳事业的发展，也提高了地球自身的碳吸附能力。

3. 探索适应性方案

全球变暖的趋势已经成为共识，摆在人类面前也仅仅只有两条路可以走，要么自我放弃，维持当前的状况，要么积极的作出改变，以开拓出人类新的发展道路。中国给出的答案是后者，在全球变暖的大趋势下，中华民族用自己的行动为世界贡献适应气候变化的独特方案。国家持续宣传绿色生活的理念，为绿色出行提供便利，大力发展公共交通事业，尽量降低能源利用领域的碳排放量；节能走向精细化，变革传统的采暖设施，如2017年北方冬季采暖的变化。在能源利用上，利用丰富的地理优势，在西部建设了大量的清洁能源收集系统，如利用太阳能、风能发电等。同时跨区采补，降低传统化石

---

〔1〕《〈巴黎协定〉：中国践行全球气候治理的大国责任》，http://www.china.com.cn/opinion/2016-04/25/content_38319415.htm，最后访问时间：2019年5月16日。

〔2〕《2018中国林业大盘点》，http://www.greenchina.tv/news-28176.xhtml，最后访问时间：2019年5月16日。

能源的利用量，如西气东输、西电东送等。在技术发展上，走向高端核心，一方面积极的研发节能新技术，在降低能源消耗的同时减少人为温室气体的释放量，如新能源汽车，更促进旧的能源体制的变革；另一方面加强农业科技的研究力度，提高农作物的抗极端性，如近年来海水稻的实验研究，一定程度上是对气候变化引发的海平面上升的预备措施。

（二）中国未来的应对措施

伴随着中国两个一百年目标的到来，中国的发展速度不断提高，工业化建设也使得自身的碳排放量不断增加，中国的减排压力也进一步加大。针对中国如何做到既遵守《巴黎协定》的承诺，又能够使经济稳步增长，笔者提出以下建议。

1. 实行减碳与固碳并行

气候变化的成因主要有二，一是人为温室气体的不断排放；二是生态环境对于碳吸收能力的降低，从而导致过剩温室气体的不断累积，大气中的温室气体份额超过了正常值。故而，要减少大气中的温室气体含量，中国应当从减少排放源和增加碳吸收能力出发，也即减碳和固碳，这也是中国应对气候变化应当着重采取的措施。在减碳方向上，一是要加快产业结构的升级换代，对重点企业、行业和区域进行效益和碳排放量的全面评估，优化高耗能、高排放的设施，推广清洁设备和生产技术，为中国的减排创造合理的产业环境；二是扩大对清洁能源的补助范围，不仅要健全清洁能源推广的补贴机制，如税收的三免三减政策，以开拓新能源市场，促进行业的繁荣，还要完善新能源利用的后续补贴机制，如天然气采暖的利用后补贴，提高民众利用新能源的热情，从而提高清洁能源在中国能源结构中的份额。在固碳方向上，一方面需要在稳定现有的植被覆盖率的基础上，不断提高中国的绿化面积，以提高中国自身的固碳能力，具体可以采取以下措施：通过立法为特定年龄特定群体设定植树的义务，如服刑人员；在特殊地区推广种树代罚的举措，当然应限定罚的种类与程度，如地方标准的小额罚款；设立绿色基金，以奖励那些在国土绿化工程中做出特殊贡献的个人或群体，如八步沙治沙队伍。另一方面，需要努力发展碳封存技术，加强国际合作，提高储碳技术能力，同时依托空间探索技术的进步，寻找合适的碳埋藏地。

2. 完善气候变化领域的立法

后京都时代的一系列会议均强调，各国不应过分排斥气候变化，而应当积极采取相应措施，在促进减排时努力增强人类在这一环境变化中的适应性，因此许多国家开始着手制定或完善本国应对气候变化的法律法规或政策。中国一直是应对气候变化的积极力量，近些年在碳排放量减少行动上取得明显成果，但是气候变化适应性立法却不尽如人意。中国一直未出台预防气候变化的专门性法律，现有法律对温室气体的定性也并不准确，比如未将二氧化碳作为大气污染物。为了减少气候变化的损害，中国应从以下方面着手完善立法：一是开展本国在气候变化领域的适应性立法，具体内容包括检测不同地区应对气候变化的能力，了解国土气候影响的情况；成立气候变化应对的专项资金，提高不同地区的适应能力；开展气候变化危机的教育工作，增强人们对气候变化的危机意识等。二是完善中国现有法律，包括将二氧化碳纳入污染气体，重视生态补偿制度中的跨行政区域补偿制度建设，如上下游地区资金援助、信息援助与交流制度，尽量避免因行政区划而割裂生态系统的整体性。

3. 提高本土环保公益组织的竞争力

随着人类环保意识的增强，越来越多关注气候变化的国际环保公益组织也适时而生，其中许多组织都在以往的气候大会中作出过突出贡献。但不可忽视的是，许多国际性的环保公益组织大多产生于欧美文化背景，西方至上主义的倾向也十分明显。最直接的表现便是无视广大发展中国家在节能减排中的贡献，在宣传中加以诘难，如近期野生救援（Wild Aid）漠视中国人均肉类摄入量偏低的事实，呼吁中国人民吃素事件。中国有必要思考如何推动了解国情的本土环保公益组织走向国际，为中国发声，以应对部分国际公益组织的有色眼光。建议采取以下举措：一是成立环保公益基金，定期为那些开展气候变化研究和活动的公益组织提供资金支持，改善当前国内环保组织的生存环境。二是优化资源，以环保公益组织所登记的管理部门为抓手，促进宗旨和目的相似的民间资源的整合，提高国内气候变化领域组织的凝聚力。三是拓宽环保公益组织走出去的渠道，政府需要在国内外环保公益组织的交流中，在公益组织参加国际会议中发挥纽带作用，比如在参与气候变化会议时，在代表团中预留环保公益组织的名额。四是建立非本土环保公益组织的诚信清单，通过定期评估，优化非本土环保公益组织的准入标准，提高其在境内的社会责任意识。

此外，国际形势瞬息万变，由于缺少统一的国际制约机制，全球减排的任务依然相当严峻，发达国家的反复无常，也预示着气候变化问题的解决不可能一蹴而就。中国应在坚持共同但有区别的责任原则的基础上，积极开展国家自主减排计划，并且结合亚洲的区域格局，寻求与亚洲国家的通力合作，获取碳交易的主导权，参与构建全球碳市场，掌握定价权，为中国的新发展开辟道路。

五、结论

随着气候变化的潜在危险性不断被证实，国际社会开始了气候变化法律体制的探索之路，通过一系列的国际谈判制定和实施了《联合国气候变化框架公约》《京都议定书》《巴黎协定》等一系列国际条约。《巴黎协定》是国际气候变化法律体制的最新发展，它延续了《联合国气候变化框架公约》和《京都议定书》所描绘的蓝图，优化了气候变化应对制度，比如制定长期控温目标，将气候变化问题作为人类的长期事业对待；资金和技术援助措施比以往更加具体，便于国际谈判的顺利推进；强化发展中国家的能力建设等，从而为人类 2020 年以后的气候治理活动指明了方向。但是通过历次气候变化会议亦可以看出，国际气候变化法律体制依然存在岛国救济措施缺乏，大国干预的负面影响较大，与其他国际条约存在一定的矛盾等缺陷。

近年来发展中国家的崛起，也给国际气候谈判带来了新机遇。近年来，中国在应对气候变化问题上的积极表现为国际控温事业作出了突出贡献。然而中国依然是发展中国家，自身也是碳排放大国，面对新时期的控温挑战，中国需要积极开展减碳、固碳并行措施，通过产业结构调整降低碳排放，增加森林面积，促进碳吸收；完善气候变化领域的立法，包括就国家适应措施进行立法或是对现有相关法律进行修改；通过设立基金，保障发展资金等，提高本土环境公益组织的国际竞争力。中国还需要继续努力，完善国内碳交易市场，提高境内的减碳效率；强化区域合作，稳步推进亚太地区的温室气体控制工作；继续坚持共同但有区别的责任原则，维护广大发展中国家的利益，为建设人类命运共同体贡献中国智慧。

中国跨界大气污染防治的国际法视野

李超群

摘　要：当产生于一国的大气环境问题跨越了国境影响到其他国家，给他国的大气环境带来了损害，便造成了跨界大气污染。大气污染的无国界性注定了其变化和影响具有全球和区域共同性，一国在发展经济的同时不可避免地会带来大气损害，进而影响邻国的大气环境现象已屡见不鲜。“特雷尔冶炼厂案”是国际上关于跨界大气污染问题的首例裁决，给各国带来司法实践上的参考价值。然而随着大气污染事件不断增加，各国纷纷加强合作，寻求在国际范围内解决问题的方法。我国加入的与跨界大气污染相关的国际条约较少，而且大都是全球性条约，缺乏针对中国国情因地制宜的条约。在大气环境影响全球化和区域化的背景下，我国应当借鉴欧盟等国的成功经验，结合我国国情，从立法层面对跨界大气污染的防治制度进行具体设计，并从执法、司法、守法等方面进行有效监督，为跨界大气污染防治国际法的发展作出中国贡献。

关键词：跨界大气污染　防治　中国　国际法

大气污染的防治问题是个世界性课题，是个人、国家乃至世界各国所面临的共同挑战。而跨界大气污染的移动性和不特定性给全球大气环境保护带来巨大威胁，仅仅依靠各国国内法来控制、减少、消除人类活动对大气环境的影响是远远不够的。因此各国和各地区参照其实际情况，通过制定和实施国际规则，合理规划和共同防治大气污染十分必要。目前，除了与气候变化相关的大气污染问题以外，我国对其他跨界大气污染问题关注较少，相关的学术研究也不多，现行法律体系中更是缺乏跨界大气环境保护的国际条约与相关制度。本文分析了跨界大气污染的概念，当前跨界大气污染的现状及防治的重要性，对相关国际法律文件与实践进行了全面介评，指出了我国跨界大气污染防治法的现状与不足，并从国际法的视野提出了完善我国跨界大气污染防治法的一些建议，以期引起学界对这一问题的重视和讨论。

一、大气污染与跨界大气污染

世界经济的发展和物质文明的高度成长，对全球和地区环境带来了不可避免的负面影响。天空不再如往日般蔚蓝，空气质量也在下降，气温也愈发反常。各国的重工业、轻工业发展区域一般较集中，排放的大气污染物就相对集中，易引发重度污染，影响周边地区、国家乃至洲际的大气质量，造成严重的大气污染。要做好污染防治工作，首先要了解大气污染与跨界大气污染的概念及来源。

（一）大气污染的概念和分类

大气污染是指人类直接或间接地向空气中引入有害物质或能源，对人类健康、生物资源和生态系统、物质性质造成损害，对环境优美和环境的其他正当用途造成减轻或妨碍所导致的有害影响。〔1〕地球上清洁大气的组成成分主要是氮和氧，还包括1%的氩、少量的二氧化碳和水，以及其他微量成分。在气体成分受到外界影响发生变化时，大气变得混浊，随着浑浊的大气中的一些物质的数量逐渐加大，足以危及生物的健康生存时，就造成了大气污染。大气污染带来的危害是全方位和深层次的，除了导致对人类、动植物的直接损害以外，还通过各种方式直接、间接地影响人类生存的环境和条件，威胁着人类的生存和发展。〔2〕根据污染范围的大小，大气污染可分为以下四类：一是局部地区大气污染，如酒店烟尘等小规模排放的直接污染物造成的污染；二是区域性大气污染，如工厂、矿山及邻近地区，或整个城市的大气污染；

---

〔1〕 引自《长距离跨界大气污染公约》第1条。

〔2〕 万霞：《国际环境保护的法律理论与实践》，经济科学出版社2003年版，第107页。

三是广域性大气污染，即较广大地域的大气污染，如一个国家、一个洲际的大气污染；四是全球性或国际性大气污染，即跨越国家、洲际乃至整个地球的大气污染。

（二）大气污染的来源

明确大气污染的来源对于大气污染的控制与治理具有重要的意义。大气污染源主要有以下四个方面：

1. 光化学烟雾

大气中的碳氢化合物和一氧化氮是主要污染物，可与紫外线发生反应，产生二次污染物。大气中主要污染物和二次污染物的混合所造成的剧毒烟雾污染称为光化学烟雾。[1]这种烟雾中含有臭氧、氮氧化物、乙醛和其他氧化剂，可引起红眼、咽喉痛、呼吸困难、头晕和头痛等症状。其主要来源是汽车尾气和工业废气排放，汽车尾气中的烯烃碳氢化合物和二氧化氮排放到大气中，在强烈的紫外线辐射下，将吸收阳光的能量。这些物质的分子在吸收阳光的能量后变得不稳定，原始的化学链被破坏并形成新的有害物质。这种化学反应叫做光化学反应，产物是剧毒的光化学烟雾。

洛杉矶位于美国西南海岸，西临大海，三面环山，气候温暖，景色宜人。黄金、石油和运河的早期开发，加上独特的地理位置，洛杉矶很快发展成为一个商业和旅游业发达的港口城市，进而成为历史上最繁荣的城市之一。在20世纪40年代，洛杉矶有250万辆汽车，每天消耗约1100吨汽油，排放1000多吨碳氢化合物、300吨氮氧化物和700吨一氧化碳。还有炼油厂、加油站和其他燃油燃烧的排放物，它们被排放到洛杉矶上空阳光灿烂的天空中，慢慢地形成了一层厚厚的有毒的烟雾层。结果，海拔2000米、离城市100公里的高山上的大型松林死亡，柑橘树也被毁。仅在1950~1951年，美国就因空气污染损失15亿美元。1955年，超过400名65岁以上的人死于呼吸衰竭。1970年，75%以上的公民患有红眼病。[2]这就是著名的大气污染事件——洛杉矶光化学烟雾污染事件。这一事件是美国环境管理的转折点，它直接促进了著名的《清洁空气法》的颁布。经过近40年的治理，洛杉矶发出的健康警

---

〔1〕 林灿铃：《国际环境法理论与实践》，知识产权出版社2008年版，第18页。

〔2〕《洛杉矶光化学烟雾事件》，http://www.weather.com.cn/zt/kpzt/1747874.shtml，最后访问时间：2019年3月18日。

告次数从 1977 年的 184 次降至 2004 年的 4 次，尽管该市人口增长了 2 倍，机动车辆增加了 2 倍多。[1]

2. 酸雨

官方称酸雨为酸沉淀，是一种跨越国界的污染物，具体是指 pH 值小于 5.6 的降雨、降雪、冰雹等形式的降水，可分为“湿沉降”和“干沉降”两类。湿沉降是指全部或颗粒的气态污染物，如雨、雪、雾或冰雹等以降水形式落在地面上，干沉积是指没有从天空降落的酸性沉降物。[2]

酸雨的主要原因是煤、石油和天然气等化石燃料燃烧产生的硫氧化物或氮氧化物。在发达国家之中英国是率先引发酸雨的，1952 年 12 月，伦敦因冬季燃烧煤炭而引起煤烟性烟雾，导致 4 天时间 4000 多人死亡，此次事件被列为八大公害事件之一。当时，整个英国都笼罩在雾霾之中，道路上塞满了汽车，泰晤士河无法通航，伦敦市中心的能见度仅限于 5 米。二氧化硫在烟雾中形成一种酸雾，比平时有毒 100 倍。伦敦烟雾事件一度令英国全境民众陷入恐慌，举世震惊。此外，在八大公害事件中，1930 年比利时马斯河谷事件和 1948 年美国多诺拉烟雾事件也与酸雨灾害有关。[3]

20 世纪 50 年代中期，美国水生生态学家 E. 戈勒姆发现湖泊水和土壤的酸度与降水的酸度有关，并证明降水的酸度与化石燃料燃烧和某些矿物冶炼过程排放的二氧化硫有关。20 世纪 60 年代，欧洲科学家发现酸性降水在大面积扩散，严重威胁着欧洲的自然资源和生存环境。1972 年，瑞典政府向人类环境会议提交了一份报告——《穿越国界的大气污染：大气和环境中的硫对环境的影响》，使国际社会对酸雨问题开始高度关注。1975 年，在美国俄亥俄州立大学举行了第一次关于酸雨和森林生态系统的国际会议。1982 年，在瑞典斯德哥尔摩举行了环境酸化问题国际会议。酸雨在成为全球重大环境污染问题后，也成为国际合作进行调控的一个重要领域。[4]

3. 臭氧层破坏

平流层距地面 15~50 公里，聚集了地球 90%的臭氧，即“臭氧层”。臭氧层是地球的大气保护层，臭氧可以吸收波长在 220~230 微米的紫外线辐射，

[1] *Marketplace*，*LA Smog: the battle against air pollution*.

[2] 张炳淳、王继恒编著：《国际环境资源法》，对外经济贸易大学出版社 2013 年版，第 141 页。

[3] 孙崇基编著：《酸雨》，中国环境科学出版社 2001 年版，第 78~81 页。

[4] 万霞：《国际环境保护的法律理论与实践》，经济科学出版社 2003 年版，第 108 页。

防止这种高能紫外线辐射对地球生命造成危害。20 世纪 60 年代以来，臭氧层是地球的“保护伞”，却由于人类活动的破坏而不断变薄，甚至出现了一个“空洞”。1985 年 5 月，英国南极考察的科学家们发现南极上空的臭氧层出现了相当于美国大陆总面积的臭氧层“空洞”，后来，美国“云雨 7 号”气象卫星也证实了这一空洞的存在，并发现这个空洞位置不固定，而且面积在逐年扩大。不仅在南极上空，北极上空也出现了臭氧层空洞，世界其他地区的臭氧层也在变薄。〔1〕臭氧层是维持生物圈平衡的主要因素，它的破坏和快速消耗意味着更多的紫外线辐射到达地面，给人类健康和生态环境带来更多的危害。现在已经证实，太阳的射线损伤包括引起皮肤癌、人体免疫系统机能下降、农作物减产等。20 世纪 80 年代，科学界证实，氟氯化碳和其他氟氯化碳是造成南极上空臭氧层空洞的一个重要原因，因为氟氯化碳释放的氯和溴可直接消耗臭氧。联合国曾报告说，如果各国不采取行动，到 2030 年，每年可能会有 200 万新的皮肤癌病例被诊断出来。〔2〕因此，国际社会迅速同意禁止释放制冷剂和抑制剂中常见的化学物质。这项禁令使得臭氧层上的空洞得以稳步缩小，科学家们预测到 2070 年才能完全恢复。〔3〕

4. 温室效应

温室效应问题是世界环境问题的四大热点之一，〔4〕主要是指温室气体的增加所产生的全球气候变暖问题。其机理是人类在生产和生活中，大量使用煤、石油和天然气等矿物燃料而排放的二氧化碳等气体，导致地球大气中二氧化碳浓度逐渐增高，形成所谓的“二氧化碳覆盖”，使太阳辐射到地球上的热量无法扩散到外层空间，对红外线进行反射，以致地球表面逐渐变暖，产生气候变化的现象。温室效应带来的全球变暖、冰川消融、土地干旱等问题，海平面逐年上升、热带传播的虫害与疾病向两极区域扩散等趋势，使经济、健康、食品安全和生产等方面的危机日益加剧。〔5〕

据研究发现，大气中能产生温室效应的气体已有近 30 种，除了二氧化碳

〔1〕 林灿铃：《国际环境法》，人民出版社 2004 年版，第 311 页。

〔2〕 赵丽、王菁：“保护臭氧层立法执法需‘更上一层楼’”，载《法制日报》2014 年 9 月刊。

〔3〕 http://tech. qq. com/a/20151101/009697. htm? pgv_ ref = aio2015&ptlang = 2052，最后访问时间：2019 年 3 月 18 日。

〔4〕 全球性四大热点环境问题为全球气候变暖、土地荒漠化、湿地缩减、生物多样性锐减。

〔5〕 张炳淳、王继恒编著：《国际环境资源法》，对外经济贸易大学出版社 2013 年版，第 141 页。

外，目前发现的人类活动排放的温室气体主要有甲烷、氧化亚氮、氢氟碳化物、全氟化碳、六氟化硫等。造成气候变化的最大原因是二氧化碳，它也是全球变暖的主要原因。而且二氧化碳的寿命很长，它在大气中可以持续200年，所以最受关注。根据联合国环境规划署和欧洲气候基金联合发布的最新《气体排放差距报告》，包括二氧化碳在内的温室气体的全球排放增加了20%，比2020年所应达到的水平还高出14%，[1]情况不容乐观。美国环保署（EPA）在2009年将包括二氧化碳在内的温室气体定义为威胁“公共健康”的“污染物”，美国最高法院一再支持这一定义。这也为白宫提供了一个法律基础，而不仅仅是一项行政命令，以监管煤炭能源和限制二氧化碳排放。目前，中国刚开始对二氧化碳的排放进行逐步控制，但中国官方尚未将二氧化碳列入污染物之列。由于温室效应和气候变化国际法议题已有大量研究成果，本文不再涉及。

（三）跨界大气污染的概念

跨界大气污染有狭义和广义两种含义。狭义的跨界大气污染是指在一个国家管辖范围内的整个或部分产生的大气污染，直接或间接地对别国管辖范围内的大气环境造成损害，其间的距离使人们一般不可能区分所带来的污染物与个别或群体释放源。[2]广义的跨界大气污染不仅指跨越国界的大气污染，也包括国内城市间大气污染。本文所讨论的是狭义的跨界大气污染。

跨界大气污染涉及不易预知的自然气候原因和多种气体的交互作用。这些气体主要由人类能源使用和化石燃料的工业应用产生，而自然气候系统则主要是受到大气环流的影响。跨界大气污染是全球大气的整体性和大气环流共同作用造成的结果。这体现了跨界大气污染的特殊性质，即移动性、越界性和不特定性。就目前的大气治理而言，国际大气环保制度的重点目标是三个方面：一是控制减少各种大气污染物的排放，防治跨界大气污染；二是控制减少并最终消除耗损臭氧层物质的使用，保护臭氧层的完好；三是控制减少温室气体的排放，防止地球出现不可逆转的变化。

---

〔1〕 卞晨光：“联合国环境规划署：全球温室气体排放量仍在增加”，载《科技日报》2012年3月5日第4版。

〔2〕 引自《长距离跨界大气污染公约》第1条的规定。

（四）跨界大气污染防治的重要性——解决“共有地的悲剧”

在大气污染及其他环境问题上，“共有地的悲剧”无法规避，因为包围着我们的空气是无法被划定区域范围，明确个人权属的，我们不可能建立起一个针对大气环境的私有化体系。早在 1968 年，盖伦特·哈丁就在他的文章《共有地的悲剧》中，对环境问题的特殊性进行了深刻阐述。哈丁在文中阐释了“共有地”的概念，即社会共同享有的，而不明确归属到个人的公共资源。社会公共资源就像一个“社会主义公社”，人人都可以随便拿取，而不必顾忌损耗或枯竭。在公共停车位资源、空气资源、水资源等的利用上，也会出现“共有地的悲剧”。在环境污染方面，“共有地的悲剧”也同样适用，只不过是以相反的方向。每一个污染的排放者都会面临两个选择：花费成本处理污染，或直接排放污染物。由于处理污染的成本要从排放者自己的口袋里支出，而对环境的污染是由大家共同承担的，所以污染者很容易选择省下处理成本，直接排放，放任污染的恶化。在利益的驱使下，每个排污者都倾向于作出同样的选择。国家和国际社会需要通过单独采取措施，或者通过国际条约与相关实践，直接有效地调节各国的行为，减少跨界大气污染损害的发生，避免或解决“共有地的悲剧”。

二、跨界大气污染国际立法与实践

大气污染的无国界性注定了其变化和影响具有全球共同性，需要国际社会的共同努力才能更好地预防、控制和应对。随着大气污染程度的不断加剧，各国纷纷加强合作，寻求在国际法范围内解决问题的方法，各类相关国际组织也先后成立，以期更好地应对跨界大气污染防治问题。目前，各国际组织和区域组织已起草并签署了一系列双边、区域和全球条约，建立了条约的实施和监管机制；一些具有国际影响力的软法文件、仲裁或法院判例也提供了有价值的参考和指导；走在世界环境保护前列的欧盟通过对环境标准的规定，从源头进行大气污染治理，值得我国借鉴。

（一）国际软法文件的规定

有关国际软法文件包括联合国通过的 1972 年《斯德哥尔摩宣言》（《人类环境宣言》）、1982 年《世界自然宪章》、1992 年《里约环境与发展宣言》

等。《人类环境宣言》是现代国际环境法的基础，强调“各国应进行合作，以进一步发展有关本国管辖或控制内的活动对国家管辖以外的环境造成的污染和生态环境损害的受害者承担赔偿责任的国际法”。[1]该宣言提出，为了有效限制、预防、减少和消除任何领域进行的活动所造成的环境损害，必须在尊重各国主权完整的基础上，通过适当的方式进行国际合作。《世界自然宪章》作为全球自然保护的纲领性文件，提出“人类必须学会如何维持和增进他们利用自然资源的能力，同时保证能够保存各种物种和生态系统以造福今世和后代；并且有必要在国家和国际、个人和集体、公共和私人各级上采取适当措施，以保护大自然和促进这个领域内的国际合作”。宪章在原则中强调“各国和有此能力的其他公共机构、国际组织、个人、团体和公司都应确保在其管辖或控制下的活动不损害别国境内或国家管辖范围以外地区的自然系统”。[2]《里约环境与发展宣言》重申并整合了上述习惯国际环境法原则——“根据联合国宪章和国际法原则，各国拥有按照其本国的环境与发展政策开发本国自然资源的主权权利，并负有确保在其管辖范围内或在其控制下的活动不致损害其他国家或各国管辖范围以外地区的环境的责任”。[3]该原则是在有关跨界污染的国际判例实践上总结提炼出来的，不仅捍卫了国家的主权，也为各国承担由于跨界污染造成的损害责任奠定了习惯法基础。

上述文件作为国际宣言，多为原则性的阐述，没有规定详细具体的实施措施，也不具有法律拘束力。但是这些关于环境保护的不具有法律约束力的“软法”对国际环境法有着重大意义，为各国制定和发展本国环境法提供了可借鉴的原则和规则，为解决不同国家之间的国际纷争提供了可能性，为各国在不能得到条约正式考虑的事项方面的国际合作提供了基础。[4]

（二）国际条约与相关规则

国际社会为保护全球大气质量，治理大气污染，先后制定了一系列专门的双边或多边条约，包括《长距离跨界大气污染公约》《大气质量协定》《综合污染预防与控制指令》《保护臭氧层维也纳公约》与《蒙特利尔议定书》

---

〔1〕 引自《人类环境宣言》第22条。

〔2〕 引自《世界自然宪章》第21条。

〔3〕 引自《里约环境与发展宣言》原则2的规定。

〔4〕 王曦主编：《联合国环境规划署：环境法教程》，法律出版社2002年版，第123~130页。

等，对跨界大气污染的预防、控制与应对进行了详细具体的规定。

1. 1979 年《长距离跨界大气污染公约》

从 1975 年开始，欧洲安全与合作会议就已经为在欧洲通过一项控制大气污染的公约提供了必要的政治支持，由联合国欧洲经济委员会磋商详细的措施，由此促成了 1979 年《长距离跨界大气污染公约》[1]在日内瓦通过，并于 1983 年生效。缔约国的一般义务包括保护人与环境免受大气污染，努力限制并尽可能逐渐减少和防止大气污染，包括长距离的大气污染。该公约对“大气污染”“跨界大气污染”等概念进行了详细界定，这些定义对国际、国内环境法的发展都有着深远的意义。公约还规定了控制和预防长距离跨界大气污染的四项基本措施：（1）制定有关控制大气污染物排放的政策和战略，包括借用经济上可行的最先进的技术；（2）交换关于控制污染风险的国内政策、科学活动和技术措施的信息；（3）协商原则，协商应尽可能在受到长距离大气污染的缔约国与造成或可能造成这种污染的缔约国之间进行；（4）加强广泛的国际合作，尤其是研究开发领域的共同合作行为。公约还规定实施一项监测和评价欧洲长距离大气污染的共同规划（EMEP），包括持续监测二氧化硫及其他有关物质，不仅是在空气中，而且在土壤、水域和草木中，利用比较监测或标准化监测的方法，制定检测方案及交换排放数据。[2]

《长距离跨界大气污染公约》是调整和控制跨界大气污染的具有代表性的区域多边协定，其目的是防止、减少和控制各污染源所导致或可能导致的跨界空气污染。另一方面，它缺少对大气污染损害责任的规定，也尚未建立程序化的争端解决机制。但是其作为一个框架性公约，30 多年来为全球大气保护的逐步发展奠定了基础，其苦心经营的五个规范性议定书也是当今环境保护法律体系中非常成功的典范。

首个《关于将二氧化硫的排放量或其越界流通量最少减少 30%的赫尔辛基议定书》[3]于 1985 年通过，1987 年生效。它要求缔约国到 1993 年至少要减少其二氧化硫排放量或跨界流量的 30%，并向执行机关报告。但各缔约国

[1] 该公约是世界上第一个关于空气污染，特别是远程跨国界空气污染的专门区域性公约，目前已有近 40 个位于北半球的东、西欧国家加入，涵盖了所有主要污染国家，美国和加拿大也批准了该公约。

[2] 万霞：《国际环境保护的法律理论与实践》，经济科学出版社 2003 年版，第 117~118 页。

[3] http://www.unece.org/env/lrtap/sulf_ h1.html，最后访问时间：2019 年 3 月 20 日。

的接受程度不同，德国等国家制定了更为严格的目标；而美国、英国和波兰作为二氧化硫的主要制造者却拒绝履行该议定书，认为其中的因果责任尚不明确。

1988 年 11 月，25 个缔约方在索菲亚签订《关于控制二氧化氮的排放及其越界流通量的索菲亚议定书》。[1]该议定书要求各方以 1987 年为基础，到 1994 年之前将其氮氧化物的排放量或者跨界流出量稳定在 1987 年的水平。议定书的适用对象既包括像工厂一类的固定污染源，也包括像汽车一类的移动污染源。议定书对研究和检测十分重视，要求各国使用最佳可得技术以实现国内排放标准，同时还有详尽的报告与审查程序，这些规定对将来形成更有效的议定书都非常宝贵。

1991 年通过了旨在防止底层臭氧造成污染的议定书——《关于挥发性有机化合物的排放和跨界流动的议定书》[2]，并于 1997 年生效。该议定书要求缔约国选择实现在 1999 年前减少其挥发性有机化合物排放量的 30%，或者于同年之前将排放量稳定在制定的水平。对于一些特殊的污染源，缔约方必须在两年内对新型固定燃烧源和汽车尾气强制执行国家或国际标准。在实施标准五年内，各方必须在敏感地区对固定燃烧源使用"经济的、最佳的可行技术"。[3]然而这些规定的实施效果仍然是个问题。

1998 年，28 个缔约方在丹麦签订《重金属议定书》，它明确了有必要采取预防性措施，防止跨界大气污染对森林、海洋和脆弱的北极环境造成的损害扩大。

1999 年，31 个缔约方达成《降低酸化、富营养化和地表臭氧的议定书》。2011 年欧盟发布《国家排放上限框架指令》，对二氧化硫、氮氧化物、挥发性有机物和氨四种污染物排放实施总量控制。2012 年对《降低酸化、富营养化和地表臭氧的议定书》进行修订，该修订案是纳入细颗粒物（包括黑碳）减排承诺的第一份具有约束力的协议，确定了 2020 年欧盟各国排放量限值。

2. 1991 年美国—加拿大《大气质量协定》

双边大气污染防治条约的典型代表是美国和加拿大有关大气污染的国际

---

〔1〕 http://www.unece.org/fileadmin/DAM/env/lrtap/full%20text/1988.NOX.e.pdf，最后访问时间：2019 年 3 月 20 日。

〔2〕 http://www.unece.org/env/lrtap/vola_h1.html，最后访问时间：2019 年 3 月 20 日。

〔3〕 那力编著：《国际环境法》，科学出版社 2005 年版，第 135 页。

条约。在北美洲地区，美国和加拿大作为相邻的两大主要发达国家，对其所在区域内的大气污染问题的解决进行了多次国家合作。美加两国曾任命特使研究两国间的酸雨问题，早在1980年就签订了《关于跨界大气污染的意向备忘录》，设立协调混合委员会，负责准备正式的协定。此后，美国通过了《清洁空气法案》1990年修正案，加拿大制定了大气污染的相关法律。[1]由于国内法的实施和双方长期协商的外部作用，两国间二氧化硫的流量减少了50%。

美加两国1991年3月正式签订《大气质量协定》，旨在控制两国间的跨界大气污染，承诺确定具体目标以限制污染物如二氧化硫和氮氧化物的排放。这一协定可操作性较强，要求适用已经成为习惯法规则的国际环境法规范。依据协定，两国共同成立一个双边的大气质量委员会，负责审查协定的实施情况，并定期向两国提交进度报告；若两国中任一国想要修改其中环境方面的法律或政策，两国需进行协商。该委员会还通过负责两国边界事项管理的国际联合委员会向公众开放，并接受意见和批评。此外，依据美国、加拿大、墨西哥共同签订的三国协定——1993年《北美环境合作协定》，建立了环境合作委员会（CEC），同样有权对包括大气污染在内的跨界环境问题的解决提出自己的意见。

3. 欧盟《综合污染预防与控制指令》

《综合污染预防与控制指令》（IPPC）是欧盟环境法中唯一一个综合治理产业污染源的指令。该指令的目的在于实现对整体环境最有效的高水平保护，通过企业操作许可制度来控制和减少各污染源的污染，对土壤、水以及空气污染管理中的能源使用、事故防止和废弃物的回收处理等进行了规定，并对相关设备实行操作许可认证。[2]关于大气污染的防治，IPPC指令要求成员国在废物回收处理、金属加工制造等工业行业对向大气中排放的污染物制定排放的限值，同时也要求许可证的制定和发放必须考虑相关装置对环境带来的影响，例如向土壤、水以及大气中排放的废物、能源的使用效率、事故的预防、噪声的降低以及场地关闭后的修复等。如果在进行生产的过程中涉及有毒有害物质的使用甚至排放，为了对污染进行有效防控，相关的经营者必须

---

〔1〕 邓力："国际大气污染环境立法的研究"，华东政法大学2014年硕士学位论文，第35页。

〔2〕 董联党、顾颖、王晓璐："欧盟环境政策体系与其实施机制对中国的借鉴"，载《生态经济（学术版）》2008年第1期。

在获得许可证之前或安装和运行之前向相关的机构提供环境摸底报告，以确保安全生产，防止污染转移。

4.《保护臭氧层维也纳公约》与《蒙特利尔议定书》

1977 年 4 月，联合国环境规划署理事会在美国华盛顿哥伦比亚特区召开了“评价整个臭氧层”国际会议，共有 32 个国家参加。会议通过了第一个“关于臭氧层行动的世界计划”，包括监测臭氧和太阳辐射的变化、评价臭氧层耗损对人类健康的影响、对生态系统和气候变化的影响等。1980 年，协调委员会提出了臭氧耗损正在严重威胁着人类健康和生态系统的稳定。1981 年，联合国环境规划署理事会建立了一个工作小组，来起草保护臭氧层的全球性公约。历经 4 年的艰苦工作，1985 年 4 月，《保护臭氧层维也纳公约》在奥地利首都维也纳被通过。该公约自 1988 年 9 月起生效，是第一项全球性的大气保护公约，也是针对臭氧层破坏问题的第一个国际协议。这一框架性公约要求其缔约国根据公约和有关议定书的规定，采取适当的措施保护臭氧层，以保护和保全人类的生存环境。中国政府于 1987 年 7 月批准了该公约。

1987 年，联合国为了避免工业生产中产生的氟氯碳化物对臭氧层损害的进一步扩大，与所属的 26 个缔约国签署了《蒙特利尔破坏臭氧层物质管制议定书》（以下简称《蒙特利尔议定书》）。该议定书自 1989 年 1 月 1 日起生效，是 1985 年《维也纳公约》的实施细则。中国于 1991 年加入《蒙特利尔议定书》。其条文首次规定了缔约国应对臭氧破坏物质的生产和消费进行管理，因此对臭氧层的保护起到了实质性的作用。该公约分别于 1990 年的伦敦会议、1992 年的哥本哈根会议、1995 年的维也纳会议和 1997 年的蒙特利尔会议等会议上多次进行了修订，并通过了一系列修正案。《蒙特利尔议定书》的有关规定开创了在环保方面国际合作的新途径。[1]此后，臭氧层的臭氧损耗情况出现好转，科学证实臭氧水平正在逐渐恢复。

（三）国际司法判例

在不同法律体系的国家中，国际判例的地位不尽相同，但各国政府都在一定程度上承认判例在实践中的指导作用。国际环境法发展史上具有里程碑意义的一个司法判例是 1938 年特雷尔冶炼厂仲裁案，它是确立国家不损害国

〔1〕［法］亚历山大·基斯：《国际环境法》，张若思编译，法律出版社 2000 年版，第 221 页。

外环境责任的第一个重要司法判例，也是国际上关于跨界大气污染责任与赔偿的首例裁决。在特雷尔冶炼厂案发生的当时，国际环境法还没有形成，联合国人类环境会议也未召开，只能从传统国际法角度解决。依据国际法的一般原则，任何国家在其领土范围内拥有排他的主权，但跨界大气污染的实质是两个及以上国家的环境主权发生交叉而产生了冲突。“特雷尔冶炼厂案”仲裁裁决明确指出，“根据国际法原则以及美国法，任何国家都无权使用或允许以损害另一国领土上的财产或生命的方式使用其领土，造成严重后果，并有明确和令人信服的证据证明这种损害”。〔1〕特雷尔冶炼厂仲裁案的裁决为国际社会解决跨界环境污染问题提供了理论和实践指导。根据这一裁决，一个国家在其领土内行使权力时，应以不破坏他国领土的利益为前提，国家在国际法上对跨界大气污染行为造成的损害应当承担责任。这一原则得到了很多国际环境条约的支持，如 1992 年《气候变化框架公约》和《生物多样性公约》等，均以此为基础规定了类似的不损害邻国环境责任。除此之外，美加两国双方通过仲裁庭解决边界环境纠纷这一方式，也具有深远的意义。它表明了包括仲裁在内的一系列传统争端解决方式，在处理诸如跨界大气污染这般复杂的问题时，也可以发挥自身的作用。〔2〕这为国际争端解决方式的选择提供了很好的范本与参考。

以上大气污染防治条约与规则的发展，都与可持续发展原则密不可分。国际社会对跨界大气污染防治问题认识一致，共同应对积极性较强，且照顾到了发展中国家的需要和利益。其中对于臭氧层空洞问题的法律回应是国际环境法发展史上最显著的成就之一。这与我国大气环境保护战略一致，包括采取从源头减少有害气体排放、提高能源使用效率、使用可再生能源等一系列措施。对于我国来说，“先污染，后治理”的旧思维已被摒弃，部分地区大气环境质量也有所改善，但是从保障公众健康的需要出发，立足国际法视野，我国大气保护立法道路且艰且长。

三、我国跨界大气污染防治法的现状及不足

20 世纪 80 年代以来，我国开始意识到大气保护的重要性，制定并实施了

〔1〕 何艳梅：《跨国污染损害赔偿法律问题研究》，复旦大学出版社 2011 年版，第 181~189 页。

〔2〕 参见那力编著：《国际环境法》，科学出版社 2005 年版，第 133 页。

一系列防治大气污染的法律和政策，也取得了一定的效果。但是随着经济的发展，大气环境污染问题越发显著。从实践来看，相关法律体系仍然是不完善的，尤其是跨界大气污染防治方面的法律和制度较少，且在执法过程中有许多不稳定因素与干扰因素。

（一）我国跨界大气污染防治法的现状

在国内法层面，我国现行专门针对大气污染防治的法律主要是2015年新修订的《中华人民共和国大气污染防治法》(以下简称《大气污染防治法》)。从1988年开始生效实施的《大气污染防治法》逐步修订和完善，在我国大气环境保护法律体系中发挥了重要作用。此外，我国还制定了一系列相关法律和部门规章，包括《清洁生产促进法》《消耗臭氧层物质进出口管理办法》《大气污染物综合排放标准》等。在国际条约方面，中国在1973年批准了《世界气象组织公约》。世界气象组织是国际气象组织更改成的一个政府间组织，旨在协调、统一和改进世界气象活动。此外，我国关于国际环境合作的规范性法律文件还有《中国关于全球环境问题的原则立场》《国务院关于进一步加强环境保护工作的决定》《全国环境保护国际合作工作纲要》和《国家环境保护标准》等。

（二）我国跨界大气污染防治法的不足

近三十年来，我国大气污染防治法律体系和制度日趋完善，以《大气污染防治法》为核心的大气环境保护法律法规，对减少大气污染物排放、减轻空气污染危害，促进经济和社会的可持续发展发挥了重要作用。但是从立法来看，针对大气污染防治的相关法律和规则仍有缺失，尤其是欠缺跨界大气污染防治的立法和制度。除了臭氧层保护和防止气候变化的条约外，我国没有加入或签署跨界大气污染国际条约。从实践来看，我国尚没有综合性的跨界管理机构，也缺乏相关法律法规，仅有的相关规定多是以原则和建议的形式存在，可操作性不强。针对跨界大气污染防治突发事件的处理，我国并没有一个系统的处理机制，临时解决方案不具有法律拘束力，实施效果就会大打折扣。“内忧外患”的情况不容乐观，所以需要进行多边条约签订和区域立法，细化大气污染防治法的实施规则。

四、我国跨界大气污染防治法完善的国际法借鉴

由于地域上的跨界性、客体上的多样性和大气的特殊性，使跨界大气污染涉及的问题复杂而多变。但是，跨界大气污染防治的成功只有大气污染防治技术的进步和支持是远远不够的，需要有效的立法和制度对其进行调控。借鉴国际法相关立法、规则和制度，我国可从以下方面对跨界大气污染防治法进行完善。

（一）多边条约签订和区域立法

我国跨界大气污染法的完善，可以参照欧洲区域条约中各国量化减排目标所规定的合作模式，规定信息公开的内容和公开信息共享的标准等，主要可通过以下情况来实现。

第一，基于我国近年发生的雾霾等大气污染事件，对大气环境产生的不良影响，建议我国与邻国参照欧盟各国或美加两国对跨界大气污染问题的处理模式，可以针对不同的污染源和造成大气污染的不同活动，签署相关双边或多边条约。例如美国和加拿大签署的《大气质量协定》，欧洲国家1979年签署的关于污染控制的合作协定。首先，可与韩国、日本等受雾霾影响的国家签订雾霾治理条约，在污染监测、评价和预防、救灾和技术合作与科研、协调机制、交通运输等方面作出详细规定。其次，可与邻国谈判缔结一项多边条约以改进大气污染的现状，根据可持续发展原则，规定全面低碳标准、排放计算方法与新能源开发和利用等内容，使缔约国在实施大气污染防治和监测工作时，通过建立污染源控制预警系统，相互交流与支持，将跨界大气污染遏制于源头。此外，位于跨界大气污染来源地的缔约国也有义务对受其大气污染影响的国家提供信息的要求作出迅速回应。

第二，建议制定一个特殊的专门清洁空气区域法，并在其中建立一个超级基金，具体规定基金的责任机构、资金来源、信息收集、信息评价和适用范围等。该超级基金既适用于企业造成的跨区域大气污染，也适用于国内企业造成的越境大气污染，主要由国家收取的企业排污费用和社会各界人士捐赠提供资金。此外，在完善的信息收集系统的基础上，评价并在此系统下收集信息，根据污染的严重程度，制定“优先事项清单”，使环保部门能够了解各城市的污染状况，分析污染是否会扩大且对邻国区域造成污染，以获得跨

界大气污染的最佳控制效果。

第三，为了更好地改善我国气候环境，保障国民的生命健康，我国还可加入“气候和清洁空气联盟”，[1]直接享受该联盟在减少短期气候污染物排放、提高能源效率等方面的信息与技术，并经常与联盟中的其他国家分享和交流各国在大气污染防治方面采用的技术、数据和方法，取长补短，依据我国发展进程来完善技术，提高效能。

（二）建立系统的跨界大气管理机构

过去，我国一直采用“点对点”的方法来防止和控制大气污染。虽然这种方法在一国国内单独适用是有益的，但它在总体情况上有一定的局限性和不足之处。“点对点”的环境管理方式可以在一定程度上削减当地的大气污染排放，从源头对污染进行控制。但在面对“人口集中、交通运输集中、污染排放集中”的环境现状时，难以形成跨界大气污染防治的合力优势，难以从根本上解决区域间的大气污染问题。例如在我国排污收费制度中，各地区根据污染程度和自身发展制定了各地区排污收费的原则与标准。但是区域间的大气环境是互相影响的，一旦产生大气污染就不可避免地会影响周边国家或地区，而且容易发生跨界大气污染纠纷问题。

因此，应综合考虑大气流动较强的自然规律，从源头进行治理，采取联防联控机制，建立系统的跨界大气管理机构。我国人口基数大，而且区域规划实施效果有限。为了对跨界大气污染实施有效控制，借鉴国外经验，建议建立清洁空气环境管理中心的综合模式，制定统一的洁净空气目标、质量标准、监测标准，统一控制和监管。这样方便对国内跨区域大气污染进行直接治理，同时跨国界大气污染可以作为与其他国家沟通的桥梁，加强国际交流与合作，共同研究开发控制大气污染物排放的技术与政策。该“环境管理中心”作为跨界大气污染防治法律和政策的国内实施机构，在处理跨界大气污染问题时更加合理和正当。

---

[1] 气候和清洁空气联盟由美国与加拿大、墨西哥、瑞典、加纳、孟加拉国及联合国环境规划署联合发起，采取行动减少黑碳、甲烷及氢氟碳化合物的排放。联盟的秘书处设在联合国环境规划署，该署已列出16项可以减少上述3种污染物排放的措施。气候和清洁空气联盟是一个自愿合作的全球合作伙伴，汇集各国政府、政府间组织、私营企业和民间社会共同减少短期气候污染物的排放。

（三）修订《大气污染防治法》

在《长距离跨界大气污染公约》框架的指导下，各项议定书也明确规定了各国污染减排量及减排标准。欧盟通过 IPPC 综合治理产业污染源，实现对大气环境的高质量保护，美国通过《清洁空气法》明确跨界大气质量监测程序以及纠纷解决机制，从源头提高空气质量。中国现行的《大气污染防治法》侧重于对大气污染损害的防治，更偏向事后救济，而美国《清洁空气法》不仅局限于污染的防治，更着眼于提升空气质量，保障公众健康。基于此，笔者认为可以将我国的《大气污染防治法》更名为“清洁空气法”，并且借鉴欧美经验，通过修订法律法规建立切实可行的大气污染防治技术支持系统，包括跨界大气质量监测系统、跨界大气污染的风险评价系统、跨界大气污染预警系统、突发事件应急管理系统等，以有效处理跨界大气污染问题，最大限度地减轻甚至消除其可能造成的危害，从被动污染控制转向主动提供清洁空气和改善环境质量。

（四）跨界大气污染防治应急机制入法

跨界大气污染防治应急机制是为了预防和应对跨界大气环境突发事件而建立的。一旦发生了紧急的污染事件，可以迅速作出反应，采取紧急措施以减少污染的程度、缩小污染的范围。大气环境突发事件是指因人类行为排放污染物或自然灾害等原因，使有毒有害物质或能源进入大气，突然造成或可能造成大气环境质量下降、生态环境破坏，危及公民人身健康和生存环境，需要采取紧急措施来应对的事件。例如苏联 1986 年发生的切尔诺贝利核泄漏事件，一瞬间的爆炸带来的跨国影响和生态灾难至今都未完全消除。当时外泄的辐射尘随着大气飘散到俄罗斯、白俄罗斯和乌克兰以及欧洲的部分地区，波及甚广。基于跨界大气污染具有特殊的移动性、越界性和不特定性特征，大气污染防治应急机制入法十分必要。

美国在《清洁空气法》的基础上，赋予地方政府与排污者签订协议的权利，明确突发污染时的紧急应对方式。虽然美国使用的这种行政控制手段的法律性质尚不明确，但是行之有效，跨界突发污染从源头得到了有效控制。我国在应对跨区域突发污染事件上，已建立了跨区域环境污染及突发环境事件防控机制，规定了一系列的应急措施。但是个别规定过于笼统，法律约束力不强，而且仅限于少量已签订协议的省（市），对于跨国界的大气污染并没有提及。赋予跨界大气污染防治应急机制法律效力，主要目的是更好地应对和处理跨界空气污染突发事件，包括跨国界的大气污染突发事件。

五、结语

由于大气流动性的特征，大气污染影响的不仅是污染者所在国家或地区的环境。大气环境的保护依赖全人类的共同努力，跨界大气污染的防治是个世界性课题，是全球各国面临的共同挑战。为了有效地预防和应对跨界大气污染，各国在开发跨界大气污染防治技术的同时，还应把精力放在跨界大气污染防治的国际法和国内法方面。目前欧美国家和地区已经探索出一些通过国际立法与制度合作解决跨界大气污染防治问题的方法，对跨界大气污染的预防和治理大有裨益。综合跨界大气污染的国际立法与实践，从立法角度，欧盟、美国均在法律和制度层面对跨界大气污染防治问题作了明确的、可操作的规定，也得到了较好的执行。从实践角度，欧美国家通过联防联控加强国际交流与合作，将国内法实施的内部作用和国际协作的外部作用相结合，从源头预防和解决跨界大气污染问题及相关纠纷。中国需借鉴相关国际立法、规则和制度，完善跨界大气污染防治法，从立法层面对跨界大气污染防治制度进行具体设计，签订双边条约、多边条约和进行区域立法，建立系统的跨界大气管理机构等，并将法律管理、制度管理与技术管理有机结合起来，在处理跨界大气污染防治问题上加强国际合作。

跨界地下水法的演进和发展

冯心颖

摘　要：跨界地下水是全球水资源的重要组成部分，因其自身的特点需要国际社会制定专门性条约和规则。从20世纪20年代到现在，经过各国和国际组织的不断探索与实践，逐渐形成了一系列关于跨界地下水开发利用和保护的条约和规则。这些条约和规则对跨界地下水的开发利用和保护起到一定的积极作用，但是在立法上仍存在诸多问题，加之其他因素的影响，导致跨界地下水存在过度开采、严重污染等问题。因此需要完善跨界地下水条约和规则，以促进跨界地下水的可持续利用和生态环境保护。

关键词：跨界地下水　跨界含水层　《跨界含水层法条款草案》　利用　保护

地下水是地球上重要的水资源，全世界地下水层的面积和水资源的存储量超过除海洋水以外的全部地表水。地下水每年为全球提供了近30%的淡水资源，远远超过河湖（0.3%）、湿地及冻土（0.9%）等提供的淡水资源量；而且，地下水含水层提供了全球50%的饮用水、40%的工业用水和20%的农业用水。[1]跨界地下水的资源利用率及流域效率远高于地表水，对国家可持续发展具有重要的战略地位，特别是在当下世界地表水资源的供应日益短缺和遭到严重污染的情况下，合理开发利用地下水资源已成为各国面临的重大机遇和挑战。然而，世界各国有关跨界地下水的专门立法和制度极其稀少、零散，至今还是国际水法发展最薄弱的部分。这是因为地下水系有其本身的特点，不可能完全适用国际河流法，需要制定适合其特性的专门条约和规则。同时，由于地表水资源日益短缺和严重污染，许多国家正在制定或实施开采深层地下水包括跨国界深层地下水的计划，在利用和保护跨界地下水方面已经出现了很多国际争端，而且还埋伏着很多潜在的矛盾因素，比如中东的利比亚、埃及、乍得和苏丹争夺其沙漠下深层蓄水层水资源的事件，使跨界地下水开发利用、保护和管理国际立法成为一个十分紧迫的问题，同时也成为国际水法最有发展潜力的领域。本文在分析跨界地下水法的演变过程的基础上，指出其存在的不足，就其完善和进一步发展提出若干建议，并展望未来中国在其中的贡献。

一、跨界地下水的概念和特征

地下水是指地面之下位于浸透区（浸透地质层）的、与地面或土壤直接接触的水。[2]地下水位于含水层之中，含水层是指具有充分的可渗水性和可渗透性，能够使可用数量的地下水流动或抽取的地下层或地质岩层，是天然的贮存系统和运送媒介。跨界含水层或跨界含水层系统分别是指其组成部分位于不同国家的含水层或含水层系统。世界上共有400多个跨界含水层，根据联合国教科文组织的研究，欧盟成员国之间至少有90个跨界含水层，美洲则有68个，非洲有40个。[3]跨界地下水是指地下水流经数个国家含水层或含水层系统，包括跨界相联地下水和跨界封闭地下水。各大洲都蕴藏大面积的地下水层，几乎所有国家都有跨界地下水流过，它们既是世界水系统的组成部

〔1〕何艳梅：“国际水资源公平和合理利用的法律理论与实践”，华东政法大学2006年博士学位论文，第8页。

〔2〕参见国际法协会2004年通过的《关于水资源的柏林规则》第3条第11款，2000年《欧盟水框架指令》第2条第2款的规定。

〔3〕胡文俊：“国际水法的发展及其对跨界水国际合作的影响”，载《水利发展研究》2007年第11期。

分，又以其独特的地理结构，将各国连接起来，并使分享同一地下水源的国家之间形成了一种特殊的国际关系。总体而言，跨界地下水具有以下特征：

（一）共享性

跨界地下水是一个有机的整体，并不断地自然流动，跨越不同国家的边界，因此很多国家都形成了事实上的共享跨界含水层。比如黑龙江—阿穆尔河中游盆地跨界含水层由中国和俄罗斯共享；扎门乌德盆地跨界含水层由中国和蒙古共享；额尔齐斯河谷平原跨界含水层由中国和哈萨克斯坦共享；澜沧江下游跨界含水层由中国和缅甸共享；雅鲁藏布江中游跨界含水层由中国和印度共享。〔1〕跨界地下水纵横交错，在国家之间形成了利害相关的密切关系，因此，如果各国之间能够基于信任和互惠建立起真诚和有效的合作关系，则可以实现“共赢”的局面。

（二）政治性

从国家主权的角度看，各国都对流经自己国家的含水层享有主权，对该含水层享有开发利用的权利。同时由于水资源的整体性和流动性，这种权利不具有排他性。而共享含水层的各个国家倾向于为维护本国的利益而排他性地开发利用地下水资源，这极易导致共享含水层国之间产生用水、分水的矛盾和冲突。虽然有些国家会达成相关协定或条约，但在执行上很难落实，产生各种各样的国际纠纷。

（三）多用性

跨界地下水不仅为人类提供饮用水，也在灌溉、渔业、恢复荒地、保护生物多样性、减少植物病虫害发生等方面发挥着巨大的作用，同时也对旅游业的发展提供基础。此外，跨界地下水还可以作为河流的补给来源。这些好处与地下水作为一种固有资源的特性密切相关。例如地下水对气候变化的高缓冲能力有助于在干旱高峰季节稳定人类消费或农业活动的供水。尤其是在当今地表水日益短缺和遭受污染的情况下，合理开发和利用地下水具有更为重要的意义。反之，如果不合理利用地下水，则会引起地下水污染、土地盐

---

〔1〕 韩再生、王皓、柴蕊：“中、俄跨界含水层研究——以黑龙江—阿穆尔河中游盆地为例”，载《中国地质》2007年第4期。

碱化、国家之间的纠纷等许多危害和影响。

（四）隐蔽性

与人类可以清楚地观察到地表水系的水域界限不同的是，跨界地下水潜藏在地下，不通过特殊的工具探测，无法确定地知道地下水的流域和范围，跨界含水层由于地质结构复杂，各国财力、物力和技术力量差异等，很难准确地掌握其资料和数据。同时由于跨界地下水的政治性，各国对其勘测、开发和利用作出种种限制，导致对跨界地下水的开发利用和保护工作进展缓慢，跨界地下水污染也很难被及时防治。

总而言之，人类虽然已经意识到跨界地下水系统的重要性，但是其地理范围和详细数据至今仍然没有被完全掌握。不同的地下水系统都有其独特的结构和成分，需要通过大量调查才能准确地了解其特征和面貌。国际社会和共同含水层国需要组织各方面的力量，加强国际交流与合作，全面调查跨界地下水资源分布和利用情况，签订和实施跨界地下水条约，建立相关规则、制度和机构，这样才能更好地保护和利用跨界地下水，防止和解决国际纠纷，促进国际和平与稳定。

二、跨界地下水法的演进历程

由于跨界地下水的特殊性，相较于国际河流立法，关于跨界地下水的立法起步晚、发展缓慢。国际社会对于跨界地下水的专门条约或协议极少，虽然有一些国际水条约指出跨界水包括地下水，但是很少制定关于其保护和利用的详细规则。许多国际河流流域的沿岸国已经签订了关于河流的主权、水质保护和水量分配等协议或条约，然而这些协议或条约很少明确跨界地下水的地位和建立相关制度。尽管如此，跨界地下水也不是完全不受国际法约束，从20世纪20年代到现在，已陆续制定了一些国际条约、软法文件，国家实践中正在逐渐形成一些法律原则，联合国国际法委员会也在编纂被各国普遍认可和适用的关于跨界地下水开发利用、保护和管理的一系列原则和规则。关于跨界地下水法的演进过程，从时间和内容上大致可分为以下三个阶段。

（一）跨界地下水法的早期萌芽

第二次世界大战以前，在跨界地下水法的早期阶段，国家颁布的法令或者同邻国签订的条约中涉及跨界地下水一般都是以“水井”和“泉水”的名称出现，当时还没有“跨界含水层”和“跨界地下水”的概念。例如，法国与英国于 1888 年签订关于索马里和吉布提共同使用哈杜水井的协议，英国与法国 1924 年签署关于乍得、中非和苏丹使用地表水和泉水的换文，埃及与意大利 1925 年签署关于伦姆巴水井的协议，1926 年西班牙和葡萄牙的边界条约，1926 年坦葛尼喀与卢旺达——乌隆迪关于边界水权的协定，都是专门分配地下水的少数早期协议。这些条约的措辞是水井或泉水，尚未正式采用“地下水”的措辞。[1]虽然这些条约只是附带性地规定使用地下水，没有具体涉及对地下水的管理和保护，但是说明人类已经有了开发利用地下水的意识，为之后跨界地下水法的初步发展提供了基础。

（二）跨界地下水法的初步发展

第二次世界大战以后，跨界地下水法得到了初步发展。因为随着各国经济的迅速发展，新技术的不断产生，以及对水资源的需求不断增加，地下水成为重要的跨国资源，并日益成为很多国际争端的起因。因此，跨界地下水逐渐被纳入国际水法的调整范围，国际条约中关于地下水的条款也日渐增多。从 20 世纪 50 年代到 60 年代，苏联和东欧国家签订的边界水条约，正式将地下水列为边界水域的组成部分，并且提出了保护和开发地下水的问题，但是并未将其放在显著的位置，在利用和管理边界水域时仍主要着眼于河流湖泊等地表水。1964 年由喀麦隆、乍得、尼日尔和尼日利亚四国联合签订的《乍得湖流域开发公约和规约》在第一章第四条规定，流域的开发特别是地表水和地下水的利用应具有最广泛的含义，特别包括生活用水，发展工业和农业，采集水中动植物。该条约将地下水明确纳入适用范围，强调要最广泛地利用地表水和地下水。1965 年德意志民主共和国和波兰签订关于边界水域的协定，将边界地区的地表水域和地下水域并列为边界水域的组成部分，有关水资源的水文调查研究和综合利用都包含地下水域。[2]但是这些条约距离跨界地下水的实际开发和利用还有一个相当漫长的过程，尤其涉及复杂的技术问题，

〔1〕 Joseph W. Dellapenna, The customary international law of transboundary fresh waters, Int. Global Environmental Issues, Vol. 1, Nos. 3/4, 2001, p. 274.

〔2〕 参见 1965 年《德意志民主共和国—波兰关于边界水域的随经济合作协定》第 1 条第 2 款的规定。

一般国家都没有准备。

（三）跨界地下水立法的进一步发展

1966 年《国际河流利用规则》（以下简称《赫尔辛基规则》）首次将跨界地下水包括在国际流域水资源的范围内，使跨界地下水资源的利用和保护同样受到公平和合理利用、不造成重大损害等国际水法基本原则的约束，是国际水法领域最有影响力的文件。《赫尔辛基规则》通过之后，国际社会普遍认识到跨界地下水开发利用对国家经济可持续发展、政治稳定的重要性，区域组织也开始着手研究和解决跨界地下水的相关问题，跨界地下水的保护和利用逐渐成为专门的研究课题。比如联合国欧洲经济委员会 1968 年通过的《地下水管理宪章》，并为国际法协会之后对国际地下水法的编纂文件所采用。

20 世纪 70 年代以后，各国经济发展迅猛，跨界地下水缺乏管理、过度利用、受到污染的现象日益凸显，严重影响到了环境和经济的可持续发展，有些跨界地下水共享国甚至为此发生摩擦和冲突。人们意识到仅仅针对跨界地下水资源的分配和利用进行立法是远远不够的，地下水保护也需要立法规范。至此，欧洲国家签订的条约或协定开始增加跨界地下水资源保护条款。1979 年欧共体通过了《保护地下水免受特定危险物质污染指令》，附加了危险物质清单，由于地下水的特殊性，该指令要求对地下水采取额外的保护措施。

20 世纪 80 年代以来，关于跨界地下水的国际条约、协议的发展取得了重大进步。国际法协会 1986 年通过的《汉城规则》，提出了专门保护地下水的规则，是规范跨界地下水资源利用的指导性文件。它是对《赫尔辛基规则》的补充，明确承认了《赫尔辛基规则》对跨界地下水，包括跨界封闭地下水的适用性，规定将公平和合理利用等国际水法的基本原则适用于跨界地下水。[1]为了和平解决科罗拉多河地下水争端，美国和墨西哥两国专门设立了美墨跨界资源研究组，并于 1989 年出台《班拉吉条约草案》。虽然该草案未以正式文本获得通过，但为跨界地下水资源的国家间合作和实现水资源利用效益的最大化提供了蓝本。

20 世纪 90 年代以来，跨界地下水法得到了迅猛发展。1992 年欧洲经济委员会通过的《跨界水道和国际湖泊保护和利用公约》（以下简称《赫尔辛

〔1〕《汉城规则》第 1 条和第 2 条规定，贯穿两个或两个以上国家之间边界的含水层同样包括在国际流域内，受《赫尔辛基规则》的约束，即使这一国际地下水与国际共享地表水源并不相联。

基公约》）将跨界地下水作为“跨界水体”的重要组成部分，包含在其调整范围之内。1994 年国际法委员会通过了《关于跨界封闭地下水的决议》，号召各国将《国际水道非航行使用法条款草案》中的原则同样适用于跨界封闭地下水，同时建议专门制定适用于跨界封闭地下水的规则。联合国 1997 年通过的《国际水道非航行使用法公约》即《国际水道公约》，已于 2014 年 8 月 19 日生效，对促进国际水法的发展具有重要意义。该公约既适用于跨界地表水，也适用于跨界地下水，但是仅适用于与跨界地表水相联的地下水，不适用于跨界封闭地下水。然而它可以为流域国之间订立条约提供方向和指南，在国际社会中发挥着重要的影响力。首先，该公约所规定的公平合理、无害使用、可持续利用和国际合作等原则对国际法的编纂有着重大的指导意义。其次，许多国家已将该公约作为制定区域或流域水条约的框架。欧盟 2000 年通过了《水框架指令》，这一指令是欧洲水环境保护的基本立法，第 17 条要求欧洲议会和理事会采取具体措施预防和控制地下水污染。为满足这一要求，欧共体委员会 2003 年通过了《欧洲议会和理事会关于保护地下水免受污染的建议指令》，作为欧盟水框架指令的子指令。该建议指令的附件一规定了地下水质量标准。国际法协会 2004 年通过的《关于水资源的柏林规则》，参考《汉城规则》和《地下水管理宪章》的相关条款，在第八章专门规定了地下水的利用、管理和保护规则，其中第 42 条明确规定了跨界含水层的利用规则，包括全流域管理、公平和合理利用、无重大损害、国际合作等，以公平和合理利用原则为核心。[1]《柏林规则》确立的跨界地下水利用、保护和管理规则，为联合国国际法委员会《跨界含水层法条款草案》的编纂提供了许多有益的指导。

（四）《跨界含水层法条款草案》介评

2002 年，联合国国际法委员会第五十四届会议将“共有的自然资源”专题列入工作方案。根据特别报告员 Chusei Yamada 的建议，专题首先集中于跨界地下水的研究。2006 年，国际法委员会在其第 58 届会议上一读通过了关于跨界含水层法的 19 个条款草案及其评注，将其转发各国政府，以征求评论和意见以及条款草案的最后形式。2008 年，在国际法委员会第六十届会议上审

---

〔1〕 郝少英：“跨国地下水利用与保护的法律探析”，载《河北法学》2011 年第 5 期。

议了各国政府提出的各种意见，二读通过包括 19 个条款草案的跨界含水层法修订案文，并于 10 月 27 日被正式提交联大。联合国教科文组织还在 2008 年 10 月制定了第一份跨界含水层世界地图，详细记录了全球跨界含水层的分布，同时还记录了消减速度和水质等信息。2013 年第六十八届联大通过《跨界含水层法条款草案》（如下图 1）。该条款草案规定的含水层国对位于其领土范围内的跨界含水层的主权，以及保护和利用跨界含水层的相关原则如公平合理利用原则、不造成重大损害原则、国际合作原则等，均得到了联合国会员国的肯定，还规定了有关国家在保护和利用跨界含水层方面的合作形式和合作机制，对于跨界含水层的保护与利用具有重要的指导意义和积极影响。

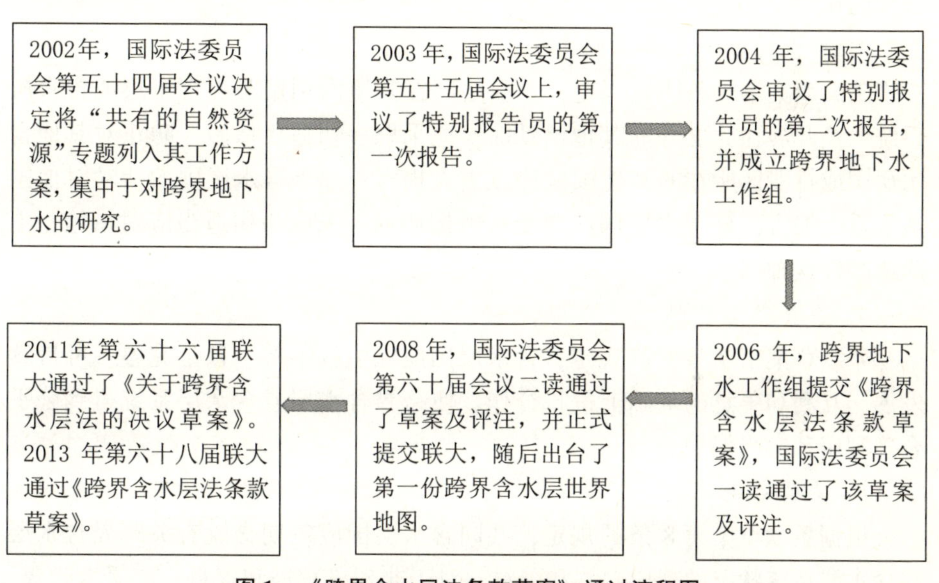

图 1 《跨界含水层法条款草案》通过流程图

《跨界含水层法条款草案》（以下简称条款草案）规定的主要原则是：

1. 主权原则

条款草案第 3 条明确规定，每一含水层国对跨界含水层或含水层系统位于其境内的部分拥有主权。主权是国家固有属性，领土主权是国家主权最重要的组成部分。但是这种主权并不是绝对的，含水层国应按照国际法和本条款行使主权。

2. 公平和合理利用原则

条款草案第4条明确要求，应以符合相关含水层诸国公平合理从中获益的方式利用跨界含水层或含水层系统；应谋求从含水层水的利用中获取最大长期惠益；应基于其目前和将来的需要及替代水源的考虑，单独或联合制定全面利用规划；对于有补给跨界含水层或含水层系统的利用程度不应妨碍其持续保持有效功能。条款草案第5条要求考虑的相关因素主要包括：每个含水层国依赖含水层或含水层系统生活的人口；目前和未来的社会、经济及其他需要；对其他相关含水层国的实际和潜在影响；有无替代办法；开发、保护和养护以及为此而采取的措施的代价；含水层或含水层系统在有关生态系统中的作用。

3. 不造成重大损害原则

条款草案第6条明确规定，含水层国在其境内利用跨界含水层或含水层系统以及开展在此之外的其他活动时，应采取一切适当措施，防止对其他含水层国或排泄区所在的其他国家造成重大损害；如果含水层国的活动对他国造成重大损害，该含水层国应与受影响国协商，采取一切适当应对措施，消除或减轻这种损害。

4. 一般合作原则

条款草案第7条明确规定，含水层国应在主权平等、领土完整、可持续发展、互利和善意的基础上进行合作，使跨界含水层或含水层系统得到公平合理利用和适当保护。

5. 信息交流原则

根据条款草案第8条的规定，共同含水层国应定期交流有关跨界含水层或含水层系统状况的现成数据和资料，对于非现成数据和资料，应尽力收集、完善和提供；但是为确保国家安全利益，条款草案第19条明确提出，不要求一国提供对其国防或国家安全至关重要的数据或资料。

6. 鼓励双边和区域协定和安排的原则

就整个含水层或含水层系统或其中任何部分或某一特定项目、方案或利用活动，条款草案鼓励含水层国相互订立双边或区域协定或安排。

在条款草案所确立的这些原则中，既有更为宏观的基础性原则，如主权原则、公平合理利用原则、国际合作原则，也有更为具体的专门性原则，如信息交流原则、鼓励双边和区域协定和安排的原则。就这些原则的相互关系而言，条款草案试图使它们相互平衡又关联支撑。但是，不可否认的是，某些原则可能处于更为核心与基础的地位，比如主权原则。而且，这些原则相互之间可能存在着紧张与冲突，比如对主权原则的坚守将影响、阻碍公平合理利用原则、信息交流原则的贯彻等。

三、跨界地下水法存在的问题与产生的后果

虽然国际社会已经意识到跨界地下水对于人类生存和发展的重要性，国际水条约不仅涉及地表水的利用和保护，还涉及地下水的利用和保护，甚至签署了专门的跨界地下水条约。然而跨界地下水法还存在许多问题，并对跨界地下水的利用和保护产生了一些不良后果。

（一）跨界地下水法存在的问题

虽然有些国际条约已将地表水和地下水同时纳入条约的适用范围，国际社会也通过了关于跨界地下水的专门条约和软法文件，但是跨界地下立法仍然相当滞后，存在一些明显缺陷。

1. 跨界地下水立法滞后

在跨界地下水开发利用的过程中，如果没有条约和规则严格规范地下水开发者的权利和义务，那么跨界地下水的合理开发和有效保护将难以实现。一些国际水法文件明确规定国际水资源包含跨界地下水，但是没有提供解决跨界地下水资源利用和保护问题的具体方法。同时，尽管围绕跨界地下水资源开发利用而导致的国际争端和冲突日益增多，与国际河流开发、利用、保护的大量国家实践相比，关于跨界地下水资源利用和保护的国家实践仍然缺乏。比如，美国和墨西哥共享 17 个跨界含水层，而且这些含水层为两国提供了丰富的水资源，在国家政治稳定和经济发展上发挥着重要的作用。美墨两国之间也签署了一些跨界水资源开发和利用的条约，但是即使在两国曾经为地下水资源的利用产生过国际争端的情况下，这些国际水条约中无一例外地缺乏关于跨界地下水资源的条款。

因此，国际社会在思想上承认跨界地下水立法的重要性和紧迫性，但是由于对跨界地下水系没有全面准确地掌握，相关国家实践缺乏，以及对国家主权的坚守，导致跨界地下水法仍是国际水法的薄弱环节，既缺少具体的解决跨界地下水资源利用和保护问题的方法，也缺少相应的国内法律规制。尽

管国际法委员会也编纂了专门的跨界地下水法，但是进展十分缓慢，而且很多国家对于这些编纂成果态度十分消极。这种现象的长期存在远远不能适应时代的发展，也不利于跨界地下水资源的开发、利用和保护，同时也阻碍国家之间的合作与交流，影响国际水安全。

2. 忽视跨界地下水与地表水的整体性

从地理学而言，跨界地表水资源和跨界地下水资源具有整体性，是不可分割的一部分。首先，地下水可以为地表水补充水资源；其次，地表水渗透至地下，成为地下水；最后，地表水和地下水相互影响，一方受到污染也会影响到另一方。目前很多立法未能充分地考虑或理解地表水与地下水在水文上的相互关系，将地下水资源看作是在所有权和使用方面完全不同于地表水的部分，将地表水和地下水的规定完全分离，对地下水适用与地表水不相关的法律体制，使地下水法律体制在整个水资源法律和规章制度中处于从属的地位，这是非常不符合水文科学事实的。这样极容易造成一些地下水利用争端，比如美国和墨西哥共享科罗拉多河，两国通过长期谈判签署和实施了《科罗拉多河条约》，对河水进行公平分配和利用，然而因为该条约没有顾及地表水开发利用对地下水的影响，使该河含盐量过高而对墨西哥农田造成极大的损害，墨西哥大量开采地下水以此缓解农田危机，引起美国的不满，从而爆发国际冲突。

3.《跨界含水层法条款草案》缺乏国家实践的基础

国际法委员会就跨界含水层的编纂与发展工作得到了联合国会员国的肯定和赞同，但是由于国际社会在跨界含水层的保护和利用问题上既有的习惯规则相当缺乏，因此国际法委员会的工作在很大程度上是逐渐发展国际法，而不是对习惯国际法的编纂。[1]由于《跨界含水层法条款草案》在某种意义上忽视了国家实践，其相关条款是否能达到逐渐发展国际法的目的，还需要更多的国家实践进行验证。中国在 2008 年和 2011 年举行的第六十三届和第六十六届联大第六委员会关于“跨界水资源法”议题的讨论中，表达了相似的立场和观点，认为条款草案可以作为保护和利用跨界地下水的一般性指南，代表了跨界地下水法的发展趋势；但是《跨界含水层法条款草案》的内容没

〔1〕 王秀梅、王瀚：“跨界含水层法编纂与发展述评——兼论跨界含水层的保护与利用”，载《资源科学》2009 年第 10 期。

有得到各国的普遍接受，并且制定国际公约的条件尚不具备，国家实践的积极性不强。[1]

（二）跨界地下水利用和保护存在的问题

由于跨界地下水法存在一定的缺陷，有一系列问题尚未得到重视和解决，一定程度上导致跨界地下水利用和保护存在许多问题。

1. 跨界地下水的过度开采

随着各国工业化的发展和现代化的进程加快，工农业用水的需求日益增加，地表水已经不能满足人们的需要，地下水也愈来愈成为被争夺的对象，尤其是一些共享含水层的国家。由于各国的经济、技术实力具有很大差异，共享同一含水层的两个或多个国家往往会从本国的利益出发，利用自己的实力和优势从跨界含水层中获取更多的资源，这种现象被形象地称为“抽水设备的竞赛”。比如，涵盖了非洲整个努比亚盆地的砂岩含水层系统，横跨利比亚东部、埃及、乍得东北部和苏丹北部，面积达 200 万 km^2。为了发展农业，这些共享含水层国展开了对含水层系统中地下水的竞争抽取。其中，利比亚建设了一个从该含水层调水到地中海滨海地区的大型工程，在埃及西南部进行的高强度抽水所产生的降落漏斗的范围超过埃及—苏丹边界 50～70km。此外，由巴西、巴拉圭、乌拉圭和阿根廷共享的瓜拉尼含水层，为利用其热特性，这些国家的超采导致含水层受到严重污染。[2]

2. 跨界地下水的严重污染

跨界地表水资源和跨界地下水资源是互相联通、相互依赖不可分离的。即使不是直接污染地下水，仅仅地表水受到污染，地下水都会受到影响。工农业及生活废水的排放，甚至不经过处理直接排到河流，都会由于生态系统的循环污染到地下水。无论是 1986 年瑞士桑多斯公司化学品仓库发生火灾导致的莱茵河污染，还是 2000 年罗马尼亚某金矿污水处理池破裂而导致的多瑙河流域污染，均使这些地区的跨界地下水受到不同程度的污染。同时抽取大量地下水进行灌溉的活动会影响地下水的河流径流量，从而降低地下水的自

---

〔1〕 何艳梅:《中国跨界水资源利用和保护法律问题研究》，复旦大学出版社 2013 年版，第 193 页。

〔2〕 郝少英：“跨界含水层污染防治的法律对策”，载中国法学会环境资源法学研究会主编：《区域环境资源综合整治和合作治理法律问题研究——2017 年全国环境资源法学研讨会（年会）论文集》，河北大学出版社 2017 年版。

净能力，导致地下水的耗竭和污染。在印度东恒河平原盆地，与集约耕作（如水稻-小麦轮作）相关的水资源需求的增加导致了盐碱化、渍水和地下水枯竭问题。[1]

3. 跨界地下水联合管理机构的缺位

诸如国际河流委员会、流域委员会等联合管理机构是解决跨界水资源矛盾与冲突的核心机构，因此其对跨界地下水的利用和保护意义重大。但是由于跨界地下水的立法比较晚，很多国家依据国际水条约成立国际河流委员会之时，相关条约通常只是笼统地涉及地下水的开发利用问题，并未专门规定地下水的利用和保护问题。全球许多重要的国际河流流域均已设立联合委员会，负责管理河流流域的一部分或整个水域，但是跨界含水层往往不包含在内。比如，中国和哈萨克斯坦两国成立中哈利用和保护跨界河流联合委员会，管理额尔齐斯河和伊犁河等跨界河流，但是管理对象仅仅限于地表水，跨界地下水不在联合委员会的职权范围内，并且该机构不具有解决争端的职能。

4. 防治跨界地下水污染具体措施的缺乏

长期以来，跨界含水层的共享国对跨界含水层监测不力，对有关生态环境风险缺乏必要的预报预警机制，尤其是忽视对跨界含水层补给区的污染预防，等到跨界含水层受到污染以后再去治理，往往要花费更大的代价，甚至在跨界含水层遭受污染以后，未及时采取适当的措施控制、减少污染，使跨界含水层污染面积进一步扩大。比如在东南亚，跨界地下水污染主要来自共同含水层国工业生产排放的砷含量过高，尤其是在越南南部与柬埔寨的湄公河河流冲击的含水层。[2]共同含水层国缺乏对该含水层的水文信息以及地质情况的了解和监测，无法采取解决砷污染的有效措施。

四、跨界地下水法的未来发展

制定和实施跨界地下水法是实现跨界水资源经济价值、进行可持续利用和生态保护的有效手段，在跨界地下水资源管理中具有基础性地位。通过上

---

〔1〕 IGRAC, *Transboundary Aquifer Information Sheets*, https://ggis.un-igrac.org/ggis-viewer/region_information, last visited on May 23, 2019.

〔2〕 Eunhee Lee, Ramasamy Jayakumar, Sangam Shrestha, Zaisheng Han. Assessment of transboundary aquifer resources in Asia: Status and progress towards sustainable groundwater management. Journal of Hydrology: Regional Studies, 2018.

文分析跨界地下水法存在的问题及其产生的后果，为了有效防止跨界地下水的污染，促进跨界地下水的合理利用和生态保护，笔者从以下几方面展望跨界地下水法的未来发展。

（一）签署双边和多边跨界水条约

跨界地下水生态系统的整体性，要求相关含水层国联合起来对跨国地下水进行统一管理，共享跨界地下水的国家需要就该地下水利用和保护问题达成相应的条约。因为主权的敏感性，条约需要对共享国的权利与义务进行明确的划分。比如在《哥伦比亚河条约》中，体现了水资源的所有权、开发权和受益方之间的利益合理分配，通过协议，上游国让渡部分资源所有权并让渡部分防洪责任。当上游国履行防洪责任时，实际上同时也为下游国履行了本不应该履行的防洪责任。按照权利义务相平衡的原则，下游国应当向上游国补偿部分防洪费用。同时，地下水的补给区域也是国际流域的组成部分，条约应规定分享含水层的各国有义务保护含水层的补给区域，防止含水层被污染。因此，共享跨界地下水的国家应该加强交流与合作，就共享的地下水谈判和签署双边或多边条约。条约不仅应当涉及长期可持续地开发利用跨界地下水资源，还要涉及污染对这些水资源的长期影响和防控措施。

跨界地下水共享国签订的双边或多边条约应当明确规定关于跨界地下水资源利用和保护的详细规则，尤其是规定公平和合理利用、无重大损害、国际合作等基本规则。如果一个与他国共享含水层的国家垄断了该含水层的水，那么将会影响他国的社会和经济发展，甚至连公民的基本生存需要也不能得到满足。因此，共享国应该合理公平分配地下水资源，并且跨界地下水和地表水的主权行使方式要受到同样的约束。同时，合理利用跨界地下水资源要求在掌握水资源特点和规律的前提下来规制跨界地下水资源的开发利用，以实现跨界地下水资源的可持续利用。条约还要考虑地表水和地下水之间的联系、水量和水质的关系。地表水和地下水是一个有密切关联的整体，地表水的污染源往往也是地下水直接或间接的污染源，因此在防治地下水污染时应当将地表水和地下水统筹考虑和治理。对此，美国科罗拉多州的经验值得借鉴。针对科罗拉多州大量抽取地下水削减了河水流量进而影响了人们对地表水利用的情况，科罗拉多于 1969 年通过全面立法，即《地下水管理法》，控制地下水的抽取，并把地下水利用权和地表水利用权作为一个整体加以考虑。[1]

（二）完善《跨界含水层法条款草案》

《跨界含水层法条款草案》目前仅停留在软法阶段，未产生国际拘束力，缺乏普遍的国家实践的检验。含水层国有必要为规制跨界地下水的开发利用和保护缔结有关国际条约，相应的国内立法也要跟进。各国学者就跨界含水层开发利用和保护问题的多学科研究应深入进行，因为这些研究将为国家或地区之间协调和共同管理地下水资源提供科学依据，以实现其可持续利用。[2]在此基础上，细化《跨界含水层法条款草案》中对于跨界含水层保护的具体规则，尤其是针对国家保护地下水或者解决用水争端的实施细则，增加其可操作性和国家的可实践性。目前虽然还没有形成针对跨界含水层利用、保护和管理的全球性国际条约，但是共享跨界含水层的国家应为制定各国普遍认可的国际条约而努力，争取早日将《跨界含水层法条款草案》完善和升级为正式的条约。从这个角度上来说，发展和完善跨界地下水利用与保护的国际法任重道远。

（三）建立专门的跨界地下水联合管理机构

针对目前有关跨界含水层的水文资料十分零散，甚至一些地下水域没有任何科学数据，可以在经济和技术力量雄厚的地区，设立专门的跨界地下水联合管理机构。首先从立法上，借鉴河流委员会职能的设定，明确规定管理机构具有勘测、监督、协调、管理、信息交流和解决争端的职能。比如中哈两国成立的“利用和保护跨界河流联合委员会”在跨界河流水质保护、水量分配基础性技术工作、边境水文站水文水质资料交换、自然灾害信息紧急通报等方面开展调研，提出报告和建议。其次在实践上，联合管理机构的技术报告和建议主要是供成员国政府参考，也可以成为签订协定的基础。同时跨界地下水管理机构可以和河流委员会密切配合或在组织体制上挂钩，通过国际合作公平和合理开发跨界地下水、有效防治跨界地下水污染、预防和解决国际争端。自2014年以来，匈牙利通过内政部组织了跨境地下水治理协议。地下水管理在内政部的监督下由水管理总局协调。这也包括流域管理计划的

---

〔1〕 盛愉、周岗：《现代国际水法概论》，法律出版社1987年版，第190页。

〔2〕 韩再生、王皓：“跨界含水层研究”，载《地学前缘》2006年第1期。

起草。在国家发展部的监督下，匈牙利地质和地球物理研究所（从 2017 年 7 月起并入匈牙利矿业和地质调查局）支持国家级地下水状况评估和战略规划。它还与区域水主管当局和环境当局一起承担地下水监测的任务，协助国家和双边两级开展地下水划定工作，并为跨界地下水管理提供科学支助。[1]

（四）采取预防跨界地下水污染的具体措施

由于一国的水污染可以通过跨界地下水体以及与地下水有关的生态系统而对其他共享跨界地下水国造成损害，因此共享地下水国应共同防止、减少和控制地下水污染。首先，跨界地下水国应采取一切适当措施，包括严格治理国内地下水污染，加强重点工业行业地下水环境监管，严格防控污水灌溉对地下水的污染等，保护和保全跨界地下水的生态系统；其次，加强地下水资源的动态监测工作，开展联合或互补性监测项目，使用统一的标准和方法监测地下水系统，同时对监测的数据和资料进行定期交流，以便更好地了解跨界地下水水量和水质的动态变化及发展趋势，为地下水资源的科学规划及合理开发利用提供科学依据；最后，可以建立一个专业咨询机构，为跨界地下水污染防治提供科学指导。

五、对中国的启示

跨界地下水法的演进、《跨界含水层条款草案》的编纂以及有关的国家实践，对我国与周边国家的跨界含水层开发利用与保护具有重要的启示意义。根据地质学家的研究与调查，我国与周边国家共享的跨界含水层共有 8 个，其中属于联合国教科文组织跨界含水层世界地图所列出的亚洲 12 个主要跨界含水层的有 3 个，即额尔齐斯河谷平原、伊犁河谷平原、黑龙江—阿穆尔河平原。这些跨界含水层是我国及其他含水层国重要的共享自然资源，[2]然而现有国际跨界水条约和协议缺乏对这些跨界地下水利用和保护的明确规则。比如中国和哈萨克斯坦共享额尔齐斯河平原跨界含水层，然而两国 2011 年签

---

〔1〕 Teodora Szocs, Nina Rman, Ágnes Rotár-Szalkai, György Tóth, Andrej Lapanje, Radovan Černák, Annamária Nádor: *The upper pannonian thermal aquifer*: *Cross border cooperation as an essential step to transboundary groundwater management*. Journal of Hydrology: Regional Studies, 2018.

〔2〕 王秀梅、王瀚："跨界含水层法编纂与发展述评——兼论跨界含水层的保护与利用"，载《资源科学》2009 年第 10 期。

订的《中华人民共和国政府和哈萨克斯坦共和国政府跨界河流水质保护协定》和《中华人民共和国政府和哈萨克斯坦共和国政府环境保护合作协定》，均没有涉及跨界地下水的保护和利用制度。对于跨界含水层，我国应与俄罗斯、哈萨克斯坦等共同含水层国参考《跨界含水层条款草案》及其他相关国际条约、软法文件和国家实践，建立对这些含水层的完善的水资源管理系统，必要时签署有关国际条约，以确保含水层系统的可持续利用。同时，为了防止上游的水质污染向下游扩散，应当遵守国际环境法的损害预防原则，及时采取措施对含水层进行污染预防和治理。这些均需要外交部门、地方政府会同国家和地方的地质部门、水利部门、环保部门等进行大量的工作，需要水文地质学、法律、社会经济、制度和环境领域的共同配合，以实现共享含水层的可持续利用。

六、结语

随着工业化和现代化的迅速发展，各国对水资源的需求日益增加，对跨界地下水的依赖性增强，国际水法对水资源的关注焦点逐渐转移到对跨界地下水资源的利用和保护问题上。跨界地下水的利用和保护问题关系着国家政治稳定、民族团结、经济和社会可持续发展，因此，各国不仅要重视跨界地下水的资源利用利益，更要通过发展跨界地下水法，注重加强国际交流与合作，以促进跨界地下水的可持续利用和生态系统保护。跨界地下水法的演进历程大致分为三个阶段，即早期萌芽阶段、初步发展阶段和进一步发展阶段。由于跨界地下水法存在立法滞后、忽视跨界地下水与地表水的整体性等缺陷，以及其他多种因素的影响，导致跨界地下水存在过度开采、严重污染等问题。跨界地下水法的未来发展方向，应包括签署利用和保护跨界地下水资源的双边和多边条约、进一步发展和完善《跨界含水层法条款草案》、建立专门的跨界地下水联合管理机构和采取措施预防跨界地下水污染的具体措施。跨界地下水法的演进历程、联合国国际法委员会的相关编纂成果以及有关的国家实践，对我国与周边国家的跨界含水层开发利用与保护具有重要的启示。我国与共同含水层国需要通过多种方式，加强在跨界地下水开发利用和保护方面的合作，包括签订条约、开展信息交流、实施监测、防控污染等。

海洋环境污染防治国际立法研究
——以《联合国海洋法公约》为代表

牛秉儒

摘　要：为了预防和解决海洋环境污染，减轻和消除其对人类健康、生产和生活带来的诸多负面影响，需要进行国际法和国内法规制，然而现行国际海洋污染防治国际立法和制度存在许多缺陷，包括规制范围狭窄、立法规定笼统、发展中国家参与不足等。国际社会应当针对以《联合国海洋法公约》为代表的海洋环境污染防治法律体系和制度的不足，遵守国际环境法领域已经确立的基本原则，完善国际海洋环境污染防治立法和制度，具体包括贯彻国家环境主权和不损害国外环境责任原则，开展多层次国际合作，落实共同但有区别的责任原则，细化《联合国海洋法公约》的规定，建立国际海洋环境污染防治基金等。

关键词：海洋环境污染　国际合作　区域治理　《联合国海洋法公约》

科学技术的进步和陆地资源的枯竭使人类对海洋的开发利用日趋频繁，开发利用过程中所产生的海洋环境污染有扩大趋势，对人类健康、生产和生活带来许多负面影响。为了有效预防和解决海洋环境污染，依靠现行海洋环境污染防治国际立法体系和制度是远远不够的。本文从海洋环境污染的概念、成因、现有法律体系及其弊端、如何健全等方面，以《联合国海洋法公约》为代表，论述海洋环境污染国际立法的完善与发展趋势。

一、海洋环境污染的概念与成因

在研究海洋环境污染问题时，应先明确其概念，并了解其成因、主要表现、特点和类型，以便于采取有针对性的防治措施。

（一）海洋环境及海洋环境污染的概念

海洋环境污染与空气污染、土壤污染等环境媒介遭受的污染是有区别的，在进行专题研究之前，首先需要了解海洋环境与海洋环境污染的概念。

1. 海洋环境的概念

海洋是指地球表面大面积连续的水域，分为“海”和“洋”，离大陆较近，受大陆、河流、气候影响较大的称之为“海”，离大陆较远，总体趋于稳定且具有海流系统的称之为“洋”。海洋不仅为人类提供了丰富的生物资源、矿产资源、石油资源、交通便利，而且人类所需的大量氧气均来自于海洋，因而海洋是生态系统的重要组成部分。

从环境科学的角度来看，《中国大百科词典》将海洋环境定义为“地球上连成一处的海和洋的水域总体，包括海水、溶解和悬浮其中的物质、海底沉积物及生活于海洋中的生物”。[1]从法律角度来看，对海洋环境缺乏明确定义，比如我国《海洋环境保护法》《联合国海洋法公约》都未对海洋环境的含义进行规定。由全国人大法工委组织，张皓若、卞耀武主编的《中华人民共和国海洋环境保护法释义》认为，“海洋环境是指地球上连成一片的海和洋的总水域，包括海水、溶解和悬浮于水中的物质、海底沉积物和生活于海洋中的生物”。[2]该定义属于学理解释，而且直接借鉴了环境科学对海洋环境的定义。蔡守秋教授也认为：“从环境科学或环境保护的角度出发，人们将海洋称为海洋环境，海洋环境并不是指海洋周围的环境，而是指海洋本身，正如将大气称为大气环境一样。”[3]

这种环境科学视角的定义具有一定的科学性，但是未考虑到与海洋有关联的海底土壤、海平面上方空气、海岸带、河流入海口等临接海洋的要素，

---

〔1〕 蔡守秋、何卫东：《当代海洋环境资源法》，煤炭工业出版社2001年版，第3页。

〔2〕 张皓若、卞耀武编著：《中华人民共和国海洋环境保护法释义》，法律出版社2000年版，第3页。

〔3〕 蔡守秋、何卫东：《当代海洋环境资源法》，煤炭工业出版社2001年版，第3页。

不利于从整体上对海洋环境予以法律保护。因而，笔者认同韩德培教授的观点："海洋环境是指地球表面除内陆水域以外的连成一片的海和洋的总水域，包括海水水体、海洋生物、海底、海岸和海水表层上方的空间等组成的自然综合体，溶解和悬浮于海水中的物质、海底沉积物属于海洋环境的组成部分，还包括入海河口区域、滨海湿地和与海岸相连或者通过管道、沟渠、设施，直接或间接向海洋排放污染物及其相关活动的沿海陆地区域。"〔1〕

2. 海洋环境污染的概念

海洋环境保护科学专家组（GESAMP）〔2〕于1969年在第一届会议上，提出了海洋环境污染的定义，"人类将有害物质引入海洋环境，造成对生物资源的危害、对人类健康的危害、对包括捕鱼在内的海洋活动的阻碍、对使用海水的质量的损害和便利设施的减少等有害影响"。〔3〕这一定义对之后通过的公约和各国国内立法影响颇深，许多海洋环境污染的定义都是以此为蓝本的。比如《联合国海洋法公约》第1条第1款第4项规定，海洋环境污染是指"人类直接或间接把物质或能量引入海洋环境，其中包括河口湾，以致造成或可能造成损害生物资源和海洋生物、危害人类健康、妨碍包括捕鱼和海洋的其他正当用途在内的各种海洋活动、损坏海水的使用品质和减损环境优美等有害影响"。〔4〕

我国《海洋环境保护法》规定："海洋环境污染损害，是指直接或者间接地把物质或者能量引入海洋环境，产生损害海洋生物资源、危害人体健康、妨害渔业和海上其他合法活动、损害海水使用品质和减损环境质量等有害影响。"〔5〕可见我国立法将海洋环境污染的概念限定为"海洋环境污染损害"，也即仅仅在海洋环境因污染遭受现实损害之时才予以救济，而不包括"可能损害"这一潜在的危险。深究之，该规定与《联合国海洋法公约》所体现的

〔1〕 韩德培主编：《环境保护法教程》，法律出版社2015版，第250页。

〔2〕 GESAMP于1969年成立，是一个独立的科学专家咨询工作组，就海洋环境保护的科学方面向联合国系统提供建议。

〔3〕 1969年GESAMP第一届会议报告，http://www.gesamp.org/publications/report-of-the-1st-session-1969，最后访问时间：2019年5月22日。

〔4〕《联合国海洋法公约》，https://www.un.org/zh/documents/treaty/files/UNCLOS-1982.shtml#2，最后访问时间：2019年5月22日。

〔5〕《海洋环境保护法》第95条第1款，http://f.mnr.gov.cn/201702/t20170206_1437283.html，最后访问时间：2019年5月22日。

损害预防原则尚有差距，比如《联合国海洋法公约》第十二部分第 194 条第 1 款规定："各国应适当情形下个别或联合地采取一切符合本公约的必要措施，防止、减少和控制任何来源的海洋环境污染，为此目的，按照其能力使用其所掌握的最切实可行方法，并应在这方面尽力协调它们的政策。"[1]这显然不利于对海洋环境的保护，因此我国《海洋环境保护法》应当对"海洋环境污染损害"的定义进行修正，将可能造成损害的污染源纳入规制范围。

（二）海洋环境污染的成因与危害

海洋环境污染是由多种原因引起的，也会造成许多损害性后果，因此需要进行预防和治理。

1. 海洋环境污染的成因与分类

根据我国《海洋环境保护法》的规定，海洋环境污染的成因包括"陆源污染物、海岸工程建设项目、海洋工程建设项目、倾倒废弃物、船舶及有关作业活动"。[2]美国的海洋环境污染法律亦是如此规定，比如美国 1972 年《清洁水法》《海洋倾倒法》，1987 年《外来船舶污染法》等。《联合国海洋法公约》第十二部分第 194 条也规定了五大类污染源，即"（a）从陆上来源、从大气层或通过大气层或由于倾倒而放出的有毒、有害或有碍健康的物质，特别是持久不变的物质；（b）来自船只的污染……（c）来自在用于勘探或开发海床和底土的自然资源的设施装置的污染……（d）来自在海洋环境内操作的其他设施和装置的污染……"[3]简而言之，可以将海洋环境污染根据其成因分为陆源污染、海上大气污染、倾倒污染、船舶及事故污染、勘探和开发及海上其他设施污染等五大类。这种根据成因进行分类的方法，有利于对不同类型的海洋环境污染分别进行有针对性的法律规制，也便于污染责任的确定与承担，因此多国立法以及国际公约普遍采用此种分类方法。此外，也有学者按照污染物质的性质，对海洋环境污染进行分类，比如将海洋环境污染划分

---

[1] 《联合国海洋法公约》，https://www.un.org/zh/documents/treaty/files/UNCLOS-1982.shtml#2，最后访问时间：2019 年 5 月 22 日。

[2] 《中华人民共和国海洋环境保护法》，http://f.mnr.gov.cn/201702/t20170206_1437283.html，最后访问时间：2019 年 5 月 22 日。

[3] 《联合国海洋法公约》，https://www.un.org/zh/documents/treaty/files/UNCLOS-1982.shtml#2，最后访问时间：2019 年 5 月 22 日。

为“石油污染、有机质和营养盐污染、重金属污染及放射性污染等”[1]。

2. 海洋环境污染的特点

海洋环境污染不同于大气污染、土壤污染等其他环境污染，这是由海洋的自然属性所决定的。海洋具有流动性且相互连通，因而一旦遭受污染，全球海洋都会遭受影响且不易治理。大体而言，海洋环境污染主要有以下特点：

（1）污染源广，污染物质种类多。从《联合国海洋法公约》和国内立法规定不难看出，对海洋环境构成威胁的共有五大污染源，涵盖了人类生产生活的方方面面。人类在日常生产生活中所产生的废气、废水、固体垃圾、放射性物质等，或是跟随河流降水流入海洋，或是被人类直接倾倒于海洋中。

（2）扩散速度快，污染范围广。海洋是一个互联互通的整体，洋流推动海水循环的同时，也会推动污染物质扩散至海洋的各个区域，加快了污染扩散的速度。日本原子能研究开发机构研究人员对放射性物质在茨城县海域扩散的情形进行了计算机模拟，据此推测福岛第一核电站排入海水中的放射性物质5年后可随海流到达北美。[2]2011年6月我国发生的康菲石油案，仅一个月就导致840平方公里的海水被污染，三个月后约5500平方公里的海水被污染，可见其扩散速度之快，污染范围之广。

（3）污染物质难以“消化”，造成持续性污染。数量庞大的污染物质超过了海洋的自净能力，海洋只能被动接受，因为除了自净并无排出路径。同时，因为无法及时降解，导致污染物质只能堆积于海中，对海洋造成持续性污染。一些污染物质的降解可能需要十几年甚至几十年的时间，例如塑料制品，至少需要五年，最多可达到几十年，在这期间同类污染物质还会不断地涌入海中，对海洋环境带来持续性的损害。

（4）预防有难度，治理成本高。海洋环境污染具有隐蔽性，一是发生污染时不易被及时监测到，二是对于一些污染现有的科技水平还无法认知。以康菲石油案为例，当对漏油进行的清理工作快要结束时，又发现了新的漏油点，说明在监测方面还存在短板，对于预防损害的发生造成了阻碍。另一方

[1] 张炳淳、王继恒编著：《国际环境资源法》，对外经济贸易大学出版社2013年版，第182页。

[2] 王曼琳、夏治强：《日本福岛核泄漏事件的环境危害与思考》，2011中国环境科学学会学术年会论文集（第四卷）。

面，海洋环境污染的治理成本较高，美国墨西哥湾漏油事件环境治理费用约为 187 亿美元，而在康菲石油案中，环境治理金额为 16. 83 亿元。

3. 海洋环境污染的主要危害

海洋环境污染造成的危害主要表现在以下方面：

(1) 减损海水使用品质。联合国环境规划署发布的第六期《全球环境展望：决策者摘要》中提到："人类活动引起的温室气体释放速度正在导致海平面上升、海洋温度变化和海洋酸化。"[1]工业革命后，煤炭、石油成为工业的主要能源，加之对林木的乱砍滥伐，大气中的二氧化碳含量不断增长，使海洋被动地吸收了更多的二氧化碳，造成海水酸化。日本福岛核泄漏后，日本政府将核废水直接倒入海洋中，废水中的放射性物质或是随着洋流飘动污染周边国家，或是留积于海底，对同一范围内的海水不断进行辐射，造成海水质量可能需要几十年才能恢复正常水平。[2]各国的工业废水、农业废水、生活废水会随着河流直接排入海洋，造成海洋中的有机物和重金属含量超标，甚至在一些河流入海口区域出现"海洋死区"，由于水体过度富营养化导致生物无法存活。

(2) 损害海洋生物资源。海洋吸收大量二氧化碳后不仅导致海水水质发生变化，更使海水温度升高而导致珊瑚如骷髅般白化继而死亡。[3]有机物和重金属等物质对海水的污染使鱼类生物体内毒素增加，导致鱼的生命期缩短，甚至无法繁殖后代，造成物种灭绝，且有机物的增多会频繁导致赤潮，海水中仅剩不多的氧气被浮游性生物所消耗，从而导致其他鱼类生物窒息而死。塑料制品被弃置海洋后，每年无数生物被塑料制品"堵死"或毒死，例如海龟无法分清水母和塑料袋，误食后很大几率造成堵塞而死亡。而一些塑料颗

[1] 《全球环境展望：决策者摘要》，https://www.unenvironment.org/zh-hans/resources/quanqiuhuanjingzhanwang-6，最后访问时间：2019 年 5 月 22 日。

[2] 刘琳琳："关于日本福岛核泄漏事故的国际海洋环境法分析"，载《长春市委党校学报》2011 年第 6 期。

[3] 《全球环境展望：决策者摘要》中指出："热带珊瑚礁已经过了一个临界点，长期的白化已导致许多珊瑚礁死亡，即使在长达一个世纪的时间尺度内（已确定），这些珊瑚礁也不太可能恢复。珊瑚白化是由于海洋变暖，而海洋变暖又归因于自工业革命以来人为排放的温室气体（GHCs；特别是二氧化碳）。海洋变暖滞后于温室气体排放几十年，以至于珊瑚礁白化的临界点在 20 世纪 80 年代已经过去，当时大气中的二氧化碳浓度超过了 350ppm 。"参见《全球环境展望 6》，https://www.unenvironment.org/zh-hans/resources/quanqiuhuanjingzhanwang-6，最后访问时间：2019 年 5 月 22 日。

粒被鱼类误食后，虽不会致其当场死亡，但会引起其消化系统问题，最终缩短其寿命。

（3）对人类健康的损害。人类对海洋环境的污染最终只能自食其果。海洋当前既是人类食物和药物的原产地又是人类的垃圾场，普利茅斯大学最近的一项调查显示，全球有约三分之一的鱼类体内含有塑料物质，且多为人类经常食用的鱼类。而对于放射性物质，鱼类生物或直接被辐射或通过食物链存于体内，再通过食物链被人类食用堆积于人体，量变引起质变使人出现头晕、头疼、食欲不振等症状，甚至患上肿瘤、白血病或遗传障碍。

二、海洋环境污染防治的国际法体系

随着人类对海洋开发利用活动的增多，海洋环境污染事故也日益增加，威胁到人类的生存与发展，由此国际社会开始认识到防治海洋环境污染的必要性。世界各国在不断完善本国立法的同时，加强国际合作，从 20 世纪 50 年代开始，先后制定和出台了一系列有关条约或软法文件，形成了一个防治海洋环境污染的国际法体系。

（一）软法文件

有关软法文件以《人类环境宣言》《里约环境与发展宣言》《21 世纪议程》为代表。1972 年斯德哥尔摩人类环境会议认识到现有法律的不足，以及必须采取更全面的措施来保护海洋环境，使其免受各种形式污染源的污染，呼吁各国接受和执行关于控制海洋污染的现有文书，确保对船源污染和海上倾倒物的控制，并尝试管控包括陆源污染在内的新的污染源，会议还提出需要采取特别措施来保护封闭和半封闭的海洋，并由国家和国际组织促进共同保护、研究和监测。会议通过的《人类环境宣言》规定："各国应当采取一切可能的步骤来防止海洋受到那些会对人类健康造成危害的、损害生物资源和破坏海洋生物舒适环境的或妨害对海洋进行其他合法利用的物质的污染。"[1] 1992 年里约环境与发展大会通过了《里约环境与发展宣言》，并在此基础上达成了《21 世纪议程》。议程中涉及防治海洋环境污染的是第 17 章："A. 沿

---

〔1〕《联合国人类环境宣言》，https://research.un.org/zh/docs/environment/conferences，最后访问时间：2019 年 5 月 22 日。

海区和海洋包括专属经济区的综合管理和可持续发展；B. 海洋环境保护；F. 加强国际，包括区域的合作和协调。”[1]议程强调要加强国际合作，并规制新的污染源，虽然不具有法律约束力，但是为加强海洋环境污染的防治构建了蓝图。

（二）全球性条约

全球性条约包括综合性条约和针对特定类型污染的条约两大类。

1. 综合性条约

综合性的全球条约主要是《公海公约》和《联合国海洋法公约》。

（1）《公海公约》。该公约是第一次联合国海洋法会议通过的，其第24条规定，“……防止因船舶或管线排放油料或因开发与探测海床及其底土而污染海水”。[2]第25条规定，“……防止倾弃放射废料而污染海水……防止任何活动因使用放射材料或其他有害物剂而污染海水或其上空”。这两条规定针对的主要是船舶油污污染和放射性物质污染，这可能是与“二战”后船舶石油污染以及部分国家使用核设施有关。

（2）《联合国海洋法公约》。第三次联合国海洋法会议通过了具有“海洋宪章”之称的《联合国海洋法公约》，仅从该公约的序言就可以看出，它试图建立一个国际公法框架以应付海洋环境的恶化和威胁，“认识到有需要通过本公约，在妥为顾及所有国家主权的情形下……海洋资源的公平而有效的利用，海洋生物资源的养护以及研究、保护和保全海洋环境”。[3]该公约专设“第十二部分，海洋环境的保护和保全”，用十二小节共四十五条规定防治海洋环境污染的原则、制度和措施，表明国际社会对海洋环境污染防治的重视。《联合国海洋法公约》在防治海洋环境污染领域确立了以下原则：

一是国家环境主权和不损害国外环境责任原则。该公约第193条规定：“各国有依据其环境政策和按照其保护和保全海洋环境的职责开发其自然资源的主权权利。”第194条第2款规定：“各国应采取一切必要措施，确保在其管

---

〔1〕《21世纪议程》，https://www.un.org/chinese/events/wssd/chap17.htm，最后访问时间：2019年5月22日。

〔2〕《公海公约》，https://www.un.org/chinese/law/ilc/hsea.htm，最后访问时间：2019年5月22日。

〔3〕《联合国海洋法公约》，https://www.un.org/zh/documents/treaty/files/UNCLOS-1982.shtml#2，最后访问时间：2019年5月22日。

辖或控制下的活动的进行不致使其他国家及其环境遭受污染的损害，并确保在其管辖或控制范围内的事件或活动所造成的污染不致扩大到其按照本公约行使主权权利的区域之外。”第 195 条规定：“各国在采取措施防止、减少和控制海洋环境的污染时采取的行动不应直接或间接将损害或危险从一个区域转移到另一个区域，或将一种污染转变成另一种污染。”

二是国际合作原则。该公约第十二部分第二节“全球性和区域性合作”共用五条规定确立了国际合作原则，分别从污染事故的预防、污染事故的处置、应急计划的制定、海洋环境污染研究等方面要求世界各国加强合作。而且该部分第 197 条中“同时考虑到区域的特点”[1]的规定是其一个亮点。第三节“技术援助”的规定要求给予发展中国家科学技术上的援助和优惠待遇，是共同但有区别责任原则的体现。

2. 针对特定类型污染的条约

国际社会先后针对船舶污染、倾倒污染、公海污染等特定类型污染，通过了一系列条约和议定书。

（1）1954 年《国际防止海洋石油污染公约》。

该公约主要是围绕船舶排出油污时距陆地距离、排出速度、排出总量等问题予以规定，适用范围较窄，不涉及船舶碰撞事故等污染，但其作为第一个防治海洋环境污染的全球性公约，将海洋环境保护纳入国际法的规制范围，标志着人类开始对海洋环境污染的重视。

（2）1972 年《防止倾倒废物及其他物质污染海洋公约》。

该公约又称为《伦敦倾倒公约》，主要适用范围为各国内水以外的区域，主要规制“任何从船舶、航空器、平台或其他海上人工构筑物上有意地在海上倾弃废物或其他物质的行为；任何有意地在海上弃置船舶、航空器、平台或其他海上人工构筑物的行为”。[2]该公约包括三个倾倒附件，对倾倒废物予以分类，并规定了每一类废物在倾倒时是否需要许可证，以及需要取得哪种类型的许可证。

1996 年 10 月，该公约的缔约国通过协商制定了该公约的议定书。议定书

---

〔1〕《联合国海洋法公约》，https://www.un.org/zh/documents/treaty/files/UNCLOS-1982.shtml#2，最后访问时间：2019 年 5 月 22 日。

〔2〕《防止倾倒废物及其他物质污染海洋的公约》，http://www.npc.gov.cn/wxzl/gongbao/2000-12/26/content_5001694.htm，最后访问时间：2019 年 5 月 22 日。

第 1 条第 3 款的规定体现了国际环境法上的风险预防原则，“在实施本议定书时，各缔约当事国应用保护环境不受倾倒和海上焚烧废物或其他物质危害的预防方法，即在有理由认为进入海洋环境中的废物或其他物质可能造成损害时采取适当预防措施，即使在没有确凿证据证明在输入物与其影响间有因果关系时亦然”。[1]这是唯一专门针对倾倒污染的全球性公约，意味着防治海洋环境污染国际法所规制的污染源的扩大。

(3)《国际防止船舶造成污染公约》。

该公约于 1973 年签订于伦敦，共有两个议定书（1978 年议定书、1997 年议定书）和六个附件，其中前五个附件与海洋环境污染有关。该公约设立的目标是：“希望彻底消除石油和其他有害物质对海洋环境的故意污染，并尽量减少此类物质的意外排放。”[2]该公约及其议定书和附件对船舶可能对海洋环境造成的污染进行了详细规定，并且明确了船旗国、港口国、沿海国的权利和义务。

(4)《国际干预公海油污事故公约》及其议定书。

该公约于 1969 年 11 月 29 日签订并于 1975 年 5 月 6 日生效，宗旨是“在发生海上事故或与此事故有关的行为之后，如有理由预计到会造成较大有害后果，就可在公海上采取必要的措施，以防止、减轻或消除由于油类对海洋的污染或污染威胁而对其海岸或有关利益产生的严重而紧迫的危险”。[3]该公约适用于因石油污染而造成的人员伤亡。鉴于船载其他物质（主要是化学物质）的数量日益增加，其中一些物质如果释放将对海洋环境造成严重危害，1969 年布鲁塞尔会议认识到有必要将公约扩大到石油以外的物质。因此，1973 年伦敦海洋污染问题会议通过了《关于在公海上干预石油以外物质海洋污染案件的议定书》。这将 1969 年公约的制度扩大到议定书附件中所列或具有与这些物质基本相似特征的物质。1973 年议定书于 1983 年生效，后来经过 1991 年、1996 年和 2002 年三次修订，更新了附在议定书上的物质清单。

---

〔1〕《防止倾倒废物及其他物质污染海洋的公约 1996 年议定书》，http://www.npc.gov.cn/wxzl/gongbao/2006-07/21/content_ 5350738.htm，最后访问时间：2019 年 5 月 22 日。

〔2〕《防止倾倒废物及其他物质污染海洋的公约 1996 年议定书》，http://www.npc.gov.cn/wxzl/gongbao/2006-07/21/content_ 5350738.htm，最后访问时间：2019 年 5 月 22 日。

〔3〕《国际干预公海油污事故公约》，https://treaties.un.org/doc/Publication/UNTS/Volume%20970/volume-970-I-14049-English.pdf，最后访问时间：2019 年 5 月 22 日。

（三）区域性条约

地中海、东北大西洋、波罗的海等海域的沿海国，先后通过了相关区域性条约，一般是规制内容全面的综合性条约。

1.《保护海洋环境和地中海沿岸地区公约》

地中海在1974年设立区域海洋方案之后，于1975年2月成为第一个通过行动计划即《地中海行动计划》的海洋区域。虽然《地中海行动计划》最初的重点是海洋污染控制，但其逐渐从一个专门性的污染控制法拓宽到综合沿岸地区规划和管理，作为寻求地中海海洋环境污染防治解决办法的关键文件。缔约方又于1976年通过了《保护地中海免受污染公约》并于1995年进行修订，更名为《保护海洋环境和地中海沿岸地区公约》，取代了《地中海行动计划》。该公约共有七项议定书。

2.《东北大西洋海洋环境保护公约》

该公约设立的目标是："在区域一级采取更加严格的措施，以防止和消除海洋环境的污染，或保护海洋环境免受人类活动的不利影响。"[1]该公约将陆源污染界定为"陆地上的点源和扩散源，物质或能源通过水、空气或直接从海岸到达海洋区域。它包括与通过隧道、管道或其他方式从土地进入的海床下的任何故意处置相关的来源，以及与放置的人造结构相关的来源"。[2]该公约扩大了陆源污染的外延，尝试进行更加全面的规制。该公约有五个附件，其中三个与防治海洋环境污染有关。

3.《保护波罗的海区域环境公约》

该公约于1992年通过，适用范围涵盖整个波罗的海地区，包括内陆水域以及海水本身和海床，还在波罗的海的整个集水区采取措施，以减少陆地污染。该公约的目的是"防止和消除波罗的海地区及其海洋环境的污染，这些污染源自各种来源的有害物质，包括陆源、船舶和游艇"。[3]该公约规定较为

---

〔1〕《东北大西洋海洋环境保护公约》，https://www.ospar.org/convention/text，最后访问时间：2019年5月22日。

〔2〕《东北大西洋海洋环境保护公约》，https://www.ospar.org/convention/text，最后访问时间：2019年5月22日。

〔3〕《保护波罗的海区域环境公约》，https://www.ecolex.org/details/treaty/convention-on-the-protection-of-the-marine-environment-of-the-baltic-sea-area-tre-001153/，最后访问时间：2019年5月22日。

详细，涵盖海洋环境污染防治的各个方面，因而对于保护波罗的海海域起到了重要作用。

三、海洋环境污染防治国际立法评析——以《联合国海洋法公约》为节点

由于《联合国海洋法公约》的框架性、基础性作用，以及公约制定前后国际社会对海洋环境污染问题的态度和海洋环境污染防治立法发生的转变，因此下文以《联合国海洋法公约》为时间节点，对现行海洋环境污染防治国际法体系和制度进行评析。

（一）《联合国海洋法公约》通过前的国际立法评析

1954 年《防止石油污染海洋国际公约》对船舶溢油污染海洋问题作了全面具体的规定，但仍有诸多不足之处，比如仅限于石油污染，没有规制其他类型的污染；在责任承担方式上仅仅规定了行政责任和民事责任，没有明确规定刑事责任。1958 年日内瓦海洋法会议并没有给予海洋环境保护太多的关注，所通过的《公海公约》只有第 24 条和第 25 条涉及海洋环境污染，对于陆源污染、倾倒污染未纳入其规制的范围。并且该公约要求各国参照国际上已有的相关条约来制定法律，可是参照哪些条约，参照其中的哪些规定，公约都未予以明确，给予缔约国较大的自由裁量权，未能确定世界各国履行全面保护海洋环境的义务，最终导致各缔约国只受到该公约很少的约束。

综上所述，由于国际社会对海洋环境污染的成因和危害还缺乏认识，或是出于经济利益的考虑而故意为之，几乎所有条约都是局限于对单一污染源进行管制，没有覆盖所有污染源，尤其是在控制陆源污染和海上大气污染方面，并没有相关国际立法予以规制。而且由于责任体制不明确，因此其实施效果也不尽如人意。

（二）《联合国海洋法公约》评析

1982 年《联合国海洋法公约》的适用范围涵盖了所有类型的海洋环境污染，其第十二部分设立的关于海洋环境的保护和保全的专门章节，是第一次尝试在全球参与的基础上，为确立各国在海洋环境保护中的权利和义务的法律制度制定一个总框架，为国家在海洋环境污染防治方面的复杂而广泛的权力和职责体系，诸如控制污染、通过和执行相关法律法规、全球和区域合作

与援助、监测和环境评估、通知和介入以及国家责任等奠定了基础。

《联合国海洋法公约》作为一个权责总框架，不是针对特定污染进行规制的具体规范，它反映了国际海洋环境保护法律制度由权力向责任的根本性转变。在此之前，各国在很大程度上可以自行决定是否以及以何种方法来规制海洋污染，而现在必须按照公约规定的条件来执行。该公约还开创了历史上的三个第一次：第一次确认国家有义务在控制污染、制定规则和标准、通报即将或实际的损害、进行研究和交换资料等方面进行全球和区域范围内的合作；第一次确认发达国家有义务向发展中国家提供海洋污染防治方面的技术和科学援助；第一次要求各国对海洋环境进行监测和环境评价，并定期向主管国际组织和所有缔约国进行报告。国际海洋环境保护法律制度的特点不再是控制各国对海洋环境污染问题的管辖权，而是以控制、管制、执法、合作和责任义务为基础的新框架。《联合国海洋法公约》成为各国实现 1972 年斯德哥尔摩会议的原则和建议，以及实现更有效控制海洋污染的愿望的最具体和最广泛的表现。

另一方面，《联合国海洋法公约》仍存在许多不足之处。该公约第十二部分第五节“防止、减少和控制海洋环境污染的国际规则和国内立法”[1]作为第一百九十二条至一百九十四条规定的各缔约国需要履行的具体义务的一部分，实则并不具体。首先，针对海洋环境受到的来自大气层的污染几乎是一笔带过；其次，该节几乎所有条款都只是笼统地要求尽快建立国内法对污染源加以规制，对于如何规制，具体的标准又是什么，适用的范围等这些具体问题并未作出进一步规定。

尤应引起我们重视的是，《联合国海洋法公约》通过距今已近 40 年，虽然一些基本概念、原则和规则不能轻易改变，但它同样也需要与时俱进。比如，公约并未认识到全球气候变化和海洋环境的相互联系性，所以没有专门规定来自大气层或通过大气层造成的海洋污染。又如，公约虽然专门规定了“公海生物资源的养护和管理”，但内容过于原则化，特别是由于技术进步给公海生物资源带来的新压力，以及专属经济区的设立，更使公约在养护和管理公海生物资源方面显得捉襟见肘。科技的新发展同样给公约带来了新挑战，

---

〔1〕《联合国海洋法公约》，https://www.un.org/zh/documents/treaty/files/UNCLOS-1982.shtml#2，最后访问时间：2019 年 5 月 22 日。

诸如无人航海器在深海航行，利用可自控漂流的自动化设备进行海洋科学研究，获取海洋基因资源，利用海浪和沿海风车产生能量，以及在大洋深处修复水下文化遗产等新的人类活动对海洋环境的影响和相应规制措施，都需要我们通过修订《联合国海洋法公约》或制定专门议定书作出回应。

（三）《联合国海洋法公约》通过后的相关国际立法评析

《联合国海洋法公约》通过后的相关国际立法主要集中在区域条约方面。《联合国海洋法公约》激发了联合国环境规划署在国际海洋环境污染防治方面的引领作用，在其主持下迅速达成了一系列区域海洋环境污染防治条约。这一系列条约不再只针对部分污染源予以管控，而且进行及时修订。但区域性条约的制定与修订工作在 20 世纪 90 年代后陷入停滞，这可能是由于，虽然《保护波罗的海区域环境公约》为国际社会树立了海洋污染区域治理的榜样，但其立法机制在后期实施过程中出现了问题。首先，该公约要求所制定的标准必须缔约国一致通过且统一适用，导致对相关标准很难达成一致意见，无法实现《联合国海洋法公约》通过区域治理防治海洋环境污染的设想。其次，与《东北大西洋海洋环境保护公约》不同的是，《保护波罗的海区域环境公约》的规制范围不包括内水，将内水排除在外意味着河口水域不受公约的管辖，而大部分陆源污染都是通过河口水域进入海洋的，因此对河口水域的保护将完全取决于波罗的海各国政府是否愿意采取行动。为了纠正这一偏差，该公约设立了第 4 条第 2 款，“各缔约国在不损害其主权的情况下，应通过其国家当局在其领海和内水内执行本公约的规定”[1]，但这只是部分解决了问题，缔约国仍有很大的自由裁量权决定本国的污染治理政策和法规。

综上所述，海洋环境污染防治的国际法不断革新，推动着国际海洋环境污染防治事业的发展。但是还应清醒地看到，现行国际海洋环境污染防治法律和制度存在一些缺陷，尤其是缺乏一个被普遍接受且内容完善的制度框架，导致无法具体、全面地确定各国海洋环境保护的权利和义务，也无法有效地处理各种海洋污染问题。

---

〔1〕《保护波罗的海区域环境公约》第 4 条第 2 款，ttps://www.ecolex.org/details/treaty/convention-on-the-protection-of-the-marine-environment-of-the-baltic-sea-area-tre-001153/，最后访问时间：2019 年 5 月 22 日。

四、海洋环境污染防治国际立法的完善

对于现行国际海洋环境污染防治立法和制度存在的弊端，笔者认为亟需从以下方面予以完善。

（一）贯彻国家环境主权和不损害国外环境责任原则

国家环境主权和不损害国外环境责任原则是国际环境法的基本原则，《联合国海洋法公约》也对其进行了明确规定。然而，该原则还存在法律效力不足的缺陷，法律渊源构成上以“软法”为主，内容上极为简略、笼统，不具有直接可操作性，缺乏有效的监督、执行机制，实施效果差。传统国际法上的国家责任制度难以满足国际环境保护的需要，也使不损害国外环境责任原则不具备强有力的制度保障。国家环境主权与不损害国外环境责任原则在现实中也往往发生冲突，常常为一些国家所滥用，成为大国推行环境霸权主义的工具。主要表现形式有：以环境保护为名干涉别国内政；不合理的国际环境义务分配，发达国家往往不切实际地规定过高的标准，让发展中国家承担过高的环境义务；许多国家利用“不损害国外环境责任原则”，实施以环境保护为名的贸易壁垒——绿色壁垒，等等。

针对上述问题，首先要完善立法，在立法程序上必须坚持平等、公正，改变少数大国操纵立法的局面，使广大发展中国家能够参与进来，使其国家利益得到充分考虑和保护，只有真正建立在国际社会合意基础之上的立法，才能切实得到遵守和执行。在相关法律内容上要进一步规范化、细化，增强可操作性。比如，在环境损害的判断标准上不应当任由各国主观判断，而应拟定具体的质量标准；在责任的设定上，应更加明确化，包括责任要件、责任范围、责任方式、追究方法、争议解决办法等。还要创新国际监督机制，比如改革现有“报告制度”，从当事国单方报告转变为当事国定期报告与他国报告相结合，即各成员国在他国互派观察员或监督员，由他们定期根据实际情况作出报告，以增加报告的可信度。再如可通过国际立法授予自然人或民间环境保护团体监督权利；又如由各国捐资或由联合国设立基金，建立全球公认的、政治中立的专业环境监测机构，等等。

（二）开展多层次国际合作

对于海洋环境污染防治的国际合作与区域治理，《人类环境宣言》《联合

国海洋法公约》《21 世纪议程》等条约和文件都有明确规定。这是由海洋环境的特性以及区域差异性所决定的，“各执其政”不足以从根本上解决海洋环境污染的问题，而且容易产生“单边主义”。例如加拿大根据其制定的《北冰洋水域污染防治法》，擅自将其管辖范围扩大到其北冰洋沿岸 100 海里，这种假借海洋环境保护扩大自身管辖权的行为不仅不利于海洋环境保护，更可能侵害到他国利益与国际社会的共同利益。国际合作与区域治理不仅有利于针对区域海洋环境的特点实施针对性的预防措施和制定污染应急计划，预防和减轻污染行为对海洋环境造成的损害，更有利于发展中国家的参与，因为全球性的海洋环境保护条约更能顾及每一个发展中国家的利益。因此，第一，相关国家和国际组织应贯彻《联合国海洋法公约》等条约的精神，加强国际合作，继续已停止的区域性条约的制定和修订工作，在防治污染技术、资料交流以及相关科学标准制定等方面积极履行《联合国海洋法公约》的义务；第二，为了全面保护海洋环境，对于《联合国海洋法公约》规制较少的大气污染源应予以补充，对于新的污染源要及时纳入区域性条约中进行规制；第三，要协调好国际组织与区域组织的关系，例如区域组织制定的环境污染防治标准要高于国际标准，区域组织确定的管辖范围不应与国际组织划分的海洋区域相冲突；第四，针对海洋环境污染影响范围的不同，有针对性地、分层次、分地域加强双边合作、区域合作和全球合作。

（三）落实共同但有区别的责任原则

共同但有区别的责任原则设立的最初考虑，一是发达国家较发展中国家资金充足，技术先进，二是现在的污染有一部分原因是发达国家在工业革命时期和国家发展过程中引起的，三是由于发展中国家正处于经济社会的发展时期，必须以牺牲部分环境利益为代价，为了让发展中国家同发达国家一起参与到污染防治中来，故为其设置较轻的污染防治义务。但是此原则在实践中的适用情况却不理想，例如美国至今未加入《联合国海洋法公约》，部分原因是不认同该原则，认为发展中国家应与其他国家承担共同的责任，且不愿意向发展中国家提供援助。对此，从国际立法的角度看，应对援助方式作出更加明确和具体的规定，使发达国家的资金援助义务具有强制性和可操作性。就技术支持而言，以立法的形式推动发达国家与发展中国家进行技术交流与合作，把发展中国家吸收到高新技术的开发与运用中来，使发展中国家能拥有自主知识产权。另外，国际组织在引导区域治理工作时要注意共同但有区别的责任原则的适用，同一海域的沿海国经济发展、财政资金和科学技术能力可能存在很大的差别，为了提高发展中国家参与的积极性，应在区域条约中贯彻共同但有区别的责任原则。

（四）细化《联合国海洋法公约》的规定

虽然《联合国海洋法公约》存在诸多问题，但从其制定的艰辛历程来看，重新构建一个新的法律框架是不现实的。解决问题的可行路径是针对具体海洋问题制定专门的区域性或全球性公约，或者通过一个“执行”《联合国海洋法公约》的协议。笔者认为，第一，各缔约国应在遵守《联合国海洋法公约》的基础上，对其内容进行修订和补充，完善规则空白，细化规则内容，明确标准、权利、义务与责任。第二，对于新的污染源要及时补充，细化公约中关于大气层污染源方面的规定，明确规制各污染源所应适用的标准，或者通过修订相关条款推动全球性和区域性标准的制定。第三，具体规定全球合作和区域合作的方式，特别是发达国家与发展中国家的合作问题，落实公约所规定的发达国家应对发展中国家予以技术援助的义务，以激发发展中国家参与全球海洋环境治理的积极性。最后，明确规定违反公约义务所应承担的责任，以严格的责任制度维护公约的效力。

（五）建立国际海洋环境污染防治基金

1971 年《设立油污损害赔偿国际基金国际公约》仅对缔约国管辖范围内由于船舶造成的海洋环境损害进行补偿与赔偿作出规定，适用主体与适用范围较窄。因此笔者建议在《联合国海洋法公约》中建立国际海洋环境污染防治基金制度，对于海洋环境污染的预防、修复和相关科学研究提供资金支持，对于一切海洋环境污染源造成的损害全面覆盖。基金的建立可以减轻发达国家财政负担，可以增加发展中国家履责能力，对于从事海上业务的公司与个人，可以保障其对受害者的充分和及时赔偿。虽然基金的设立有可能加重部分国家和部分行业的负担，但是其预防和减轻海洋环境污染和损害、维护海洋生态系统、促进海洋开发和可持续发展的作用会日益显现。

五、结语

海洋环境污染具有整体性和互通性，需通过国际立法对海洋环境污染予以系统防控并加强国际合作，但在防治的具体工作中又要考虑到区域特点以及沿海国自身发展状况，采取合理高效的预防措施，加强区域合作与治理。随着国际社会对海洋环境污染问题日趋重视，国际海洋环境污染防治法律体系正在逐渐完善，然而也存在规制范围狭窄、立法规定笼统、发展中国家参与不足等缺陷。《联合国海洋法公约》的缔约国应对公约规定较为笼统和模糊之处进行及时修订，建立国际海洋环境污染防治基金，以预防和减轻海洋环境污染和损害。为了鼓励发展中国家的积极参与，发达国家应当贯彻共同但有区别责任原则。现有立法问题以及解决方案只是国际海洋环境污染防治事业中的冰山一角，保护海洋环境对人类来说任重而道远，需要国际社会的长期努力。

南极地区环境保护国际立法与制度研究

王之竹

摘　要：南极有着独特的地理环境和气候条件，随着人类在南极地区的活动日益增多，不可避免地给南极环境带来了破坏。南极环境保护立法体系是约束人类破坏南极环境，激励人类在南极进行环境友好型活动的有效手段。南极环境保护国际立法已经建立了相对完整的实体与程序制度和相应的实施体系，改善了过去只重预防缺少救济的现象，但是其实施的具体细节还有很多可以完善的地方。我国应积极参与南极环境保护实务，促进南极环境保护立法的完善和实施，增强我国在南极地区的影响力。

关键词：南极　环境保护　法律体系　关于环境保护的南极条约议定书

随着科学技术的提高和生产力的发展，人类在地球上的活动领域也越发广阔。19世纪以来，南极地区逐渐进入人们的视野，从发现到冒险，再到建立起科学考察站，发展旅游事业，人类在南极地区的活动日趋频繁，南极脆弱的生态环境不可避免地受到破坏和威胁。因此，要严格管控人类在南极的各类活动，将人类活动对南极环境的不良影响维持在最低限度。对于南极环境的保护与管理，国际立法与制度起着至关重要的作用。本文从南极面临的环境问题出发，梳理南极环境保护立法体系的组成和主要内容，指出这些法律文件所体现的基本原则和规定的基本制度，并分析其在实际运行中所存在的问题，最后结合中国的实际情况，提出我国应如何实现在促进南极环境保护立法和制度建设、保护南极环境的基础上，开发利用南极的各种资源。

一、南极及其环境问题

人类的活动与南极地区脆弱环境的共同作用，是南极产生环境问题的直接原因，这些环境问题也推动了人类对南极地区的环境保护行动。

（一）南极地区概述

与人们平时了解的地理意义上的南极（南纬66.5°以南地区）概念不同，在国际法上，《南极条约》第六条将南纬60°以南作为南极地区的范围。这一地区常年积雪，陆地部分几乎全部被冰川所覆盖，这一部分的比例占全球现代冰被面积的80%以上。南极地区是地球上气候最为寒冷，平均风力最高，降水极少的地区，素有“白色荒漠”之称。然而这种极端的环境却对地球生态系统的平衡和稳定起到了重要作用。除了其重要的环境和生态意义，南极还拥有丰富的生物资源和矿产资源。南极地区的矿产资源涵盖能源、贵金属、金属等220余种，[1]同时南极还探测到约3~4亿吨的磷虾等生物资源。这些资源在开发过程中可能对南极环境产生的破坏，也是人类在南极进行活动时的重要限制性因素。

（二）南极地区的环境问题

南极地区的环境问题主要表现为人类活动对南极生态环境和自然资源的不利影响，主要表现为自然资源的不合理开发、环境污染以及全球性的环境问题对南极地区的影响等。

1. 自然资源的不合理开发

南极地区自然资源丰富，各种关于南极的国际条约对人类开发南极的活动构成了很多限制，但是另一方面，在条约框架内和框架外，各国也在为研究、利用南极进行着竞争。南极地区有着丰富的海洋生物资源，海洋渔业捕捞是人类发现南极的直接原因，然而在进入20世纪之前，南极的毛海狮就几近灭绝。而到了现代，由于众多海域都呈现出过度捕捞的态势，南极的海洋

[1] 周菲、鲍文涵：“南极资源利用与中国参与——基于自主治理理论的分析”，载《北京理工大学学报（社会科学版）》2016年第5期。

生物也不可避免地遭受了商业捕捞的持续压力。南极磷虾作为南极生态系统的重要组成部分和食物链的基础环节，其合理的捕捞量应控制在6000万吨左右。虽然现有的捕捞规模并未触及这根红线，但是随着参与南极磷虾捕捞的国家逐年增加，而各国并未建立起合理的捕捞秩序，这无疑会增加过度捕捞的风险，这种风险会给以南极磷虾为食的企鹅、鲸鱼等带来消极影响。同时，日本以科学研究之名行商业捕捞之实，在南极大规模捕鲸，甚至引发了澳大利亚对其提起诉讼。

2. 环境污染

南极地区本来无人类长期定居，但是随着南极科考与南极旅游的人数不断增加，科学家和游客在南极大陆的活动以及科考站、旅游设施的建设也对南极脆弱的生态环境产生了一定的负面影响。在南极科考和旅游的历史上都曾发生过原油泄漏的事故，例如2007年“探索者”邮轮在南极附近海域失事，造成了燃油泄漏，对南极的生态环境造成了严重破坏，对海洋生物的生存产生了严重威胁。[1]更严重的问题正在南极发生，国际性环境保护非政府组织发布的《南极地区微塑料和持久性氟化物调查报告》指出，人类生产的塑料等有毒有害物质已经开始污染南极地区的环境。[2]在科考和旅游活动中开展环境保护，制定和实施相关保护措施，也逐渐成为南极环境保护国际立法的一部分。

3. 全球气候变化对南极地区的影响以及反作用

人类排放温室气体的活动导致全球气候变暖，是近年来全人类共同关心的问题。南极地区也受到气候变暖的影响，其冰山受到大规模融化的威胁，可能会使海平面在未来比现在高出100厘米。[3]这可能导致沿海的低洼地区被淹没，而这些沿海低地也往往是人类活动的主要地区。这属于全球性环境问题对南极地区的不利影响，本文不作讨论。

二、南极地区环境保护的国际立法体系与制度

人类活动对南极地区的环境影响日渐显现，南极地区环境保护立法体系

---

〔1〕 郭培清：“旅游与科学：谁是南极污染的‘罪魁’？”，载《海洋世界》2007年第9期。

〔2〕 “南极正被微塑料和有毒有害化学品污染”，载《工程塑料应用》2018年第7期。

〔3〕 “南极冰川融化下的未来气候变化”，载《水利水电快报》2018年第12期。

和制度的建立和实施正是为了减少这一不利影响，对于南极环境的改善有积极的正面作用。

（一）南极地区环境保护立法体系及其主要内容

南极地区环境保护立法体系包括一系列南极环境保护专门法律文件和一般性南极环境保护法律文件，如《南极条约》《关于环境保护的南极条约议定书》（以下简称《环保议定书》），以及其他有关南极环境保护的国际条约。[1]《南极条约》是关于南极大陆的一般性条约，其中涉及环境保护的规定，其生效之后的南极条约协商会议通过了一系列如今构成南极资源保护支柱的国际条约和协议，诸如《保护南极动植物议定措施》《南极海豹保护公约》《南极海洋生物资源养护公约》等生效或者未生效的法律文件，并借此层层递进，最终形成了总体性的环境保护文件即《环保议定书》。

1.《南极条约》

《南极条约》于1959年12月1日签署，1961年6月23日生效。该条约规定了人类在南极开展活动的重要原则，其主要内容是：南极地区的法律地位；南极地区的非军事使用；南极地区科考活动的国家间合作；南极地区不属于任何国家所有；对南极地区环境进行保护，[2]以及通过外交或司法途经解决争端等。《南极条约》规定了事前通知程序，[3]在前往南极科考和旅游的人数不断上升的情况下，这为实施预防措施，以及为缔约国之间的互相监督提供了渠道。《南极条约》创立的协商会议制度，[4]是制定和完善南极环境保护国际法的主要机制，协商会议为南极环境保护国际立法提供了一个固定的平台。

2.《环保议定书》及其附件

《环保议定书》于1991年10月4日签署，1998年生效，由序言、条款、附

---

〔1〕参见《联合国海洋法公约》第十二部分关于“海洋环境的保护和保全”的相关规定。

〔2〕参见《南极条约》5五条规定，禁止在南极洲进行任何核爆炸和处理放射性废料。《南极条约》第九条第一款第六项关于南极洲生物资源的保护和保存的规定。

〔3〕参见《南极条约》第7条规定，观察员的名单应通知每个有权指派观察员的其他缔约国，观察员的任命终止时，应发出同样的通知。

〔4〕参见《南极条约》第9条第1款规定，本条约序言中列举的各缔约国的代表应在本条约生效后两个月内在堪培拉市开会，此后间隔适当的时间在适当地点开会，以交流情报，就关于南极洲的共同关心的事项进行协商，并制定、审议和向其政府建议为促进本条约的原则和目标的措施，其中包括关于下列事项措施。

则、附件四大部分组成。[1]《环保议定书》完善了《南极条约》的环境保护归档，在保护南极地区环境、合理有效管理资源以及恢复生态环境等方面设立了从实体到程序的全方位条款，就像《环保议定书》所称的那样，“深信制定一个保护南极环境及依附于它的和与其相关的生态系统的综合制度是符合全人类利益的”。[2]

《环保议定书》鼓励缔约国之间的合作交流，[3]它规定应在南极地区活动中加强国际合作与交流，强化资源共享、信息互通以便保护南极地区环境。《环保议定书》规定在南极地区开发矿产资源不能用于商业目的，应尽可能地保存其矿产资源。[4]《环保议定书》认同了科技发展对南极环境保护的重要作用，提出全方位的保护南极地区环境。[5]《环保议定书》的一个重要举措是其成立了环境保护委员会，委员会代表由缔约国选派，其主要职责在于确保和监督《环保议定书》的实施情况。为了给决策提供智力支持，委员会应邀请南极研究科学委员会和南极海洋生物资源保护科学委员会的主席作为委员会的观察员。委员会的活动应受到南极条约协商会议的监督和管理，其主要活动是帮助《环保议定书》缔约国进行南极环境保护，提出合理咨询和执行意见。[6]

《环保议定书》的实施主要依靠将国际法转化为国内法的方式，以求达到保障其有效实施的目的。《环保议定书》的施行在各缔约国之间应有消息互通的渠道。缔约国之间应互相监督和告知其认为会对《环保议定书》所规定的内容产生影响的行为。观察员由单一缔约国或者数个缔约国派出，监督执行《环保议

---

〔1〕 吴依林：“《南极条约》的背景意义及展望”，载《中国海洋大学学报（社会科学版）》2009年第3期。

〔2〕 参见《环保议定书》序言。

〔3〕 参见《环保议定书》第6条规定，各缔约国在规划和从事南极条约地区活动时应进行合作；各缔约国保证尽最大可能共同享有可能有助于其他缔约国在南极条约地区规划和从事活动的信息以便保护南极环境及依附于它的和与其相关的生态系统；各缔约国应与可在南极条约地区的毗连区域行使管辖权的缔约国进行合作，以保证在南极的活动不会对那些地区产生不良的环境影响。

〔4〕 参见《环保议定书》第7条规定，禁止矿产资源活动，任何有关矿产资源的活动都应予以禁止，但与科学研究有关的活动不在此限。

〔5〕 参见《环保议定书》第10条规定，南极条约协商会议应吸取现有的最佳科学和技术建议；南极条约协商会议应审查委员会的工作情况并且在执行上述第1款所指的任务时应充分吸取该委员会的意见和建议以及南极研究科学委员会的建议。

〔6〕 参见《环保议定书》第11条规定，兹设立环境保护委员会，各缔约国都有权成为委员会成员并任命1名代表，该代表可辅以若干专家和顾问。

定书》的情况。为了救济南极地区环境事故，《环保议定书》规定了应急计划条款。

3. 南极地区生物和矿产资源保护公约

南极丰富的生物、矿产资源是吸引世界各国对其趋之若鹜的重要原因，在各国都认同的情况下开发南极地区资源，是南极地区环境保护国际立法体系发展的一个重要推动因素，国际社会也先后通过了一系列南极地区生物和矿产资源保护公约，包括《保护南极动植物议定措施》（1964）、《南极海豹保护公约》（1972）、《南极海洋生物资源养护公约》（1980）、《南极矿产资源活动管理公约》（1988）等，它们形成了南极地区生物和矿产资源保护的基本国际法框架。〔1〕

《保护南极动植物议定措施》首先在南极地区专门为保护环境提供了法律保障，其目的主要是防止生物入侵，合理利用生物资源，避免毁灭性的破坏。其举措主要有：禁止在南极未经许可捕猎任何本地的哺乳动物和鸟类；只为了科研目的，有限制地颁发许可以维持生态平衡；列举特别保护物种以及宣布南极地区为特别自然保护区。〔2〕

《南极海豹保护公约》旨在规范对南极地区海豹和海狗的捕获行为，这种捕获行为需要由公约规定的机构许可，否则就是违法行为。这就是南极地区商业捕捞的许可证制度的原型。在细节和具体措施上，公约附件就许可的捕获量，何种物种受保护，相关特别区域，可捕获海豹的自身条件，可用于捕获的工具、方式、时间，详细记录捕获情况以便对捕获进行审查评估等都作出了详细规定。

《南极海洋生物资源养护公约》为南极海域生物资源规定了三项保护性原则。首先，防止受捕获种类的数量低于保证能使它稳定补充的水平，为此，公约规定南极海洋生物资源的存量应能保持在存续的基础上；其次，在捕捞的过程中要考虑整个生态系统的情况，以维持食物链中其他物种的生存；最后，捕捞造成的生物资源减少应是良性的、可恢复的，不能产生不可逆的后果。

《南极矿产资源活动管理公约》诞生于20世纪80年代一系列为了规范化

〔1〕 王曦、陈维春：“南极环境保护法律制度之浅见”，载《武大国际法评论》2005年第5期。

〔2〕 王曦编：《国际环境法》，法律出版社1998年版，第271~272页。

地开发南极地区矿产资源而召开的缔约国协商会议，设立了一个管理各国开采南极矿产资源的管制制度，试图建立起南极矿产开发活动秩序，填补南极矿产资源开发方面的法律空缺。但是，因为不能协调各缔约国的利益，无法达到保护环境的目的，这个协商成果被大多数缔约国所摒弃，最终未能成为一个生效的国际法律文件。

（二）南极环境保护国际立法的基本原则

在南极进行环境保护要遵循共同的原则，确定而有效的法律原则将有助于人们开发利用和保护南极。南极地区环境作为全球环境的一部分，国际环境法的基本原则也适用于南极地区的环境保护。国际环境法的基本原则包括可持续发展原则、合作原则、损害预防原则以及人类与大自然和谐发展原则。[1]然而除了上述国际环境法的基本原则之外，考虑到南极独特的自然环境和法律地位，南极环境保护国际立法体系中还有一个独特的原则，即限制对南极环境的影响原则，主要是国际环境法中预防原则的体现。这一原则在《环保议定书》第3条做出了具体规定，也在议定书其他条款及附件中得到了体现。

《环保议定书》将南极地区的活动原则归纳为以下五个方面：第一，南极地区的计划和从事的一切活动都应以环境保护优先；第二，在南极地区计划和从事的一切活动不能破坏南极环境；第三，在南极地区计划和从事一切活动需要事先对其可能产生的影响有所认识；第四，应进行定期有效的监测，动态评估、及时修正对项目的评价，包括对预计产生的影响进行的核查作出评价；最后，应进行定期有效的监测，以尽可能早地预估到在南极条约地区从事活动所产生的对南极环境的影响。

（三）南极环境保护国际法的基本制度

依据《南极条约》和南极条约体系的其他协议，建立南极环境保护的基本法律制度是必要的。如果没有这种联系，那么《南极条约》的基本原则就会逐渐遭到损害，从而无法促进南极地区的和平与稳定，以及国家合作。南极环境保护国际立法体系所建立的基本制度，是作为普遍的起保护作用的实体与程序性规则存在的。南极环境保护国际法的基本制度包括实体性制度和程序性制度，主要是区域保护与管理制度、环境影响评价制度和损害赔偿责

---

〔1〕 徐祥民、孟庆垒：《国际环境法基本原则研究》，中国环境科学出版社2008年版。

任制度。《环保议定书》的附件分别从实体与程序角度规定了保护南极环境的基本制度，附件一“环境影响评价”是一种预防性程序；附件二、三、四分别对生物资源、人类活动产生的废弃物、海洋环境污染的预防作出了相关规定。《环保议定书》的又一创举是附件五“南极特别保护区”，在将南极视为世界公园的基础上制定区域保护与管理制度，并根据设立依据和目的的不同分成两种，即“南极特别保护区”和“南极特别管理区”。其中附件一到附件四与《环保议定书》一并签署并生效，附件五于2002年生效。

1. 南极地区环境保护的实体制度

在南极地区进行环境保护的实体制度主要有区域保护与管理制度、许可证制度、废物处理与废物管理制度等。“南极特别保护区”和“南极特别管理区”是《环保议定书》附件五“区域保护管理”所确立的两种基本保护区制度，对具有特别价值的地区进行特别保护，其中最重要的就是生态环境价值。这一保护制度为各国在南极地区的各项活动划定了范围，为利用南极活动的规范有序开展制定了各种程序。各国为了使南极免受生态损害，应为国家在南极的各项活动建立起一套行之有效的管理措施。

区域保护与管理制度最早可以追溯到《保护南极动植物议定措施》根据动植物生活环境特征和栖息地分布划分特别自然保护区的实践，对特别保护区内的生态系统进行保存，这也被认为是对全人类共同财富的保护。《南极海豹保护公约》设立的海豹特别保护区，也是一种区域保护制度。通常，分区保护有利于区分不同地区特色，细化工作内容，从而使保护管理工作因地制宜、井井有条。《环保议定书》延续了上述条约关于“特别保护区”的规定。议定书明确规定为了科学与和平，将南极指定为自然保护区，以保护南极独特的自然环境及依赖于它的生态系统。这一规定的本质源于将南极视为“世界公园”，统一保护南极地区的生态环境与资源。《环保议定书》附件五也具体规定了环境保护与管理的详细规范。南极特别保护区存在的主要目的是进行生态学研究；保护历史遗迹和文物；生物多样性研究；监测科学考察活动对南极环境的影响；进行地质学研究，维持南极生物所依赖的生存环境等。特别管理区一般是各国在南极活动时最有可能发生冲突并且这种冲突会对环境产生不良影响的地区，为了协调冲突，减少对环境的不利影响，同时促进国家间交流而设立的。总之，南极特别保护区设立的重点在于某区域的重大生态、地质或科学价值和科学研究的顺利进行；而南极特别管理区则致力于消减人类活动对南极环境和生态造成或可能造成的影响。但是绝大多数已经设立的特别保护区，都将工作重心放在了生态系统和对生态系统的科学研究上，同时特别管理区的数量难以达到其设立的初衷。[1]

2. 环境影响评价制度

环境影响评价最早由加拿大提出，并由美国在其国内环境法中付诸实施，是一种在项目和规划实施前就开始评估其可能对环境造成何种影响，应当如何避免并在实施过程中进行效果评估，以及时进行修正的事前预防制度。在南极环境保护立法体系中，《环保议定书》第八条和附件一是对环境影响评价制度的规定。南极环境影响评价的目的是评估和预测人类活动造成的环境影响和变化并提出应对方案，即研究南极人类活动和南极环境变化的相互关系。人类活动对南极环境的影响要从物理变化和化学变化、影响深度即环境变化程度等性质和数量的各方面来分析，更进一步到计算南极环境承载力，而且要预测到人类活动产生的环境变化，最后还要在活动实施前制定行之有效的措施以预防环境变化。南极环境影响评价制度相比于一般的项目或规划环境评价有所不同，由于南极地区的生态环境极为脆弱，人类在南极的活动相比其他地区应有更严格的限制，因此其环境影响评价应在价值取向、评价尺度等评价内容上有更高的要求。[2]在实践中，南极环境影响评价主要针对科考活动和保障科考活动进行的后勤保障活动。我国也在南极地区进行过数次环境影响评价，[3]并在2017年出台了专门针对南极地区科考活动的环境影响评价部门规章。

3. 环境损害赔偿制度

一直以来，南极环境保护立法体系相较于救济更强调预防，诚然，南极地区的环境特征使预防的重要性无出其右。但是人类南极活动历史上曾经发生的种种环境事件，也对填补救济措施这一法律领域的空白提出了要求。为此，《环保议定书》以专项附件的形式规定了南极的环境损害责任制度——《关于环境保护的南极条约议定书附件六——环境突发事件的责任》(2005)(以下简称《责任附件》)。《责任附件》是《环保议定书》规定的各项制度

[1] 凌晓良等："南极特别保护区的现状与展望"，载《极地研究》2008年第1期。

[2] 李金香、李天杰："南极长城站地区环境影响评估理论与方法初探"，载《极地研究》1997年第4期。

[3] 李小梅等："南极环境影响评价现状与特点分析"，载《福建地理》2002年第1期。

有效实施的必要保证。[1]《责任附件》所规定的损害赔偿责任制度主要适用于所谓的环境突发事件。此类事件发生后，责任人应采取及时有效的补救措施，如果其造成了损害且未能采取行动，将产生向采取行动的缔约国支付必要赔偿金的责任。同时，《责任附件》在南极条约秘书处设立损害赔偿基金，向未能获得合理补偿的采取行动国家支付赔偿金。《责任附件》确立的是一种无过错责任制度，环境突发事件的责任人不论其主观故意或过失，都要承担对南极环境造成破坏的责任，当环境责任承担引发国际争端时，需要通过国际仲裁的方式解决。

南极环境损害赔偿制度对全面保护南极环境至关重要，它是对南极环境损害进行救济的法律基础。同时损害赔偿制度也规范着人类的南极活动，各缔约国认识到发生环境损害所要承担的责任有助于其事先提高警惕，更慎重地约束自身行为。应急机制的建立也为环境突发事件的及时应对提供了必要保障，这样就尽可能减少了南极环境受到不利影响的几率和受到不利影响时的损害。

综上，《环保议定书》及其附件创造了一套从实体到程序，从事前评价、事中跟踪到事后补救，立体保护南极地区环境的制度体系，从这些制度发展的路径来看，这个体系的建立是由浅入深，循序渐进的。

三、南极环境保护国际立法体系与制度存在的问题及其解决建议

虽然经过半个多世纪的共同努力，人类已经建立起了一套南极环境保护的立法体系和制度，但是其实施仍然面临着许多困难，这其中既有与其他国际和国内法律不协调的原因，也有其自身存在的问题，因此需要予以解决。

（一）南极环境保护国际立法体系与制度存在的问题

1. 南极环境保护国际立法体系的外部冲突

首先，南极环境保护国际立法体系与其他国际法体系的冲突，主要表现为国际海洋法之间的冲突，比如是否承认《联合国海洋法公约》所规定的专属经济区制度在南极条约体系所涉及的南极地区的海洋部分的效力。其次，南极环境保护国际立法体系与环南极国家的国内法也常常陷入冲突的境地，

---

[1] 张丽珍："南极环境保护的新安全阀"，载《世界环境》2009年第4期。

很多环南极国家都对南极地区提出过领土主权要求，这些国家往往以国家利益为出发点，积极制定南极立法，而忽视为保护南极这个世界公园和自然保护区而应承担的国际法义务。〔1〕

2. 南极环境保护国际立法效力不足

南极环境保护国际立法的效力也是一大问题所在。国际条约法的一个基本原则就是条约的有效性一般只及于缔约国，而且需要缔约国转化为国内法得以实施。南极环境保护国际立法体系中的各项原则、制度和规定一般只对缔约国具有效力，对非缔约国没有法律拘束力。根据各个南极环境保护条约在国际社会的参与情况来看，首先，缔约国要实施南极环境保护立法体系所制定的各项制度，在转化为国内法的过程中会受到各种因素的制约，如与国家利益的契合程度，国家对南极活动的参与程度等；其次，南极地区距离人类主要活动的地区有相当的距离，导致对南极的治理有一定延迟；最后，如何处理非缔约国在南极进行活动引发的环境问题也是其实施的空白地带。〔2〕由此看来，这些立法与制度要实现其保护南极环境的目的是远远不够的。

3. 南极环境保护国际法基本制度的不足

虽然南极环境保护国际法中的各项基本制度取得了一定程度的实施效果，但是仍然存在着一些不足，有待改进。就南极特别保护区制度来说，首先信息披露机制效果不显著。虽然《南极条约》第 3 条对信息公开制度作了一般性的规定，却未能形成具体的实施方针；南极环境保护立法体系要用科学与和平的手段达成其目的，然而，自南极特别保护区大规模成立以来，无法进行及时有效的沟通交流就成了阻碍各缔约国分享环境保护成功经验的原因之一。并且，各国施行区域管理活动的成果也无从得知，这又对各缔约国之间互相评价及互相监督形成了阻碍，这样就无法了解到特别保护区制度实施的有效性，也无法对特别保护区今后的发展提供必要的指导意见。其次，信息的不对称使监督的难度大大提高。单独的国家是成立南极特别保护区的最主要主体，每一个国家都掌握着自身所建立的特别保护区的主动权，理论上每五年应进行一次的审核评估也受到诸多阻碍，特别保护区管理工作也因此无

〔1〕英国、新西兰、法国、澳大利亚、挪威、智利、阿根廷对南极提出的领土主张，占到南极陆地面积的 83%，https://www.zhihu.com/question/268143944/answer/333344453，最后访问时间：2019 年 5 月 21 日。

〔2〕陈力："论南极条约体系的法律实施与执行"，载《极地研究》2017 年第 4 期。

法全面开展。最后，个别国家对特别保护区的重要意义未能形成正确认识，这些国家进入特别保护区工作的人员接受的训练不足，为完成各项管理工作增加了环境风险。

就环境影响评价制度来说，《环保议定书》规定的环境影响评价制度缺乏明确和具体的标准。《环保议定书》要求各缔约国在南极开展各种政府性和非政府性活动都要开展环境影响评价。但事实上《环保议定书》中环境评估标准没有具体统一的量化数据，而是采用了像“轻微或短暂影响”这样相对模糊的概念。《环保议定书》第8条将人类活动对南极环境产生的影响分为三类：小于轻微或短暂的影响；轻微或短暂的影响；大于轻微或短暂的影响。这三类活动分别对应三种环境影响评价方案：即刻进行、初步环评以及全面环评。从《环保议定书》关于评价标准的规定中可以看出，对“轻微或短暂影响”的理解是左右整个环评过程的关键因素。南极条约协商会议在制定《环保议定书》之前曾试图对此进行界定，然而直到《环保议定书》通过后，仍没有达成一致意见。以上标准实际上是由各国自行制定，以判定其某项活动是否对南极环境构成较大影响。但这样做的缺点就在于各国的自由裁量权过大，缔约国很可能为了自己的利益利用《环保议定书》所规定的模糊标准，从而逃避相应的国际监督，增加本国在南极开发利用的优势。

（二）对南极环境保护国际立法体系和制度的完善建议

1. 整体建议

整体而言，完善南极环境保护国际立法体系和制度首先需要遵循生态保护思想，建立起环境友好的环境管理机制。环境监管要遵循自然界的基本规律。人类在南极地区的活动要符合南极地区环境保护的目标。针对环境的各种决策要综合考虑南极生态系统各要素间的作用，正确认识特别保护区与特别管理区在南极环境保护中的作用，为其制定符合其自身目的的实施计划。对南极环境保护国际法的各个具体制度要运用系统的思想，统筹结合以有效发挥各制度的优势。最后，要运用环境科学等相关领域的最新成果，实现南极生态效益和经济效益的统一。

其次，对南极地区的环境保护制定相应长期和短期的环境管理目标。人类对南极地区的开发利用应从长远的可持续的发展目标出发，以保护为主，利用为辅。南极虽然拥有丰富的生物和矿产资源，但其脆弱的生态环境无法承受人类的破坏性开发，只为眼前的经济利益满足自身的需求竭泽而渔从长远来看有害无益。另一方面也可以从微观的层面出发适当设立短期的目标，比如对环境目标规定一定的实施期限，在期限内实施一个相对于现在的环境状况有所改善的目标。

最后，要积极推动公众参与国际环境保护事务。近年来不断发生的生态破坏、环境污染事件使社会公众的环境意识不断觉醒，但是，公众关注的焦点还是集中于国内的环境问题，因为国内的问题相比国际问题更直观、反馈也更快。然而将国际环境问题放在更大的尺度上考察的话，其在一定时间的积累过后也会对国内的环境产生消极影响。为此，应强化公众对国际环境问题的认识和参与，从而形成压力反对和抵制破坏南极环境的行为。

2. 具体的完善建议

从具体措施来讲，对于南极环境保护国际立法体系的外部冲突问题，应通过协商会议的方式对南极海域的开发进行相关的立法工作，但不应使南极海域中与某国专属经济区重叠的部分成为其专属经济区；各国的南极立法应在实现自身利益的基础上，更多地考虑不对南极环境造成不可逆转的影响。

从南极环境保护立法体系自身来讲，一方面，针对南极环境保护立法体系实施效果不足的问题，应通过加强各缔约国间合作，建立起一个包括缔约国与非缔约国共同参与的南极地区环境保护国际合作机制的方式来完善。可以建立专门的信息共享平台，对于缔约国可能担心的信息保密问题，要强化责任与监管；推动观察员合作执行观察任务，强化观察员的职权与责任；对南极活动特别是南极海域捕捞与南极保护区区域管理推行“联合治理”模式，通过合作手段管理非缔约国在南极的活动；强化政府与非政府组织（NGOs）之间在科研、交流、宣传等方面的合作，通过 NGOs 与民间的宣传活动加强各国民众对南极环境保护活动的认识，并对各种宣传活动建立起反馈渠道。

另一方面，针对南极地区的环境保护基本制度，要促使各缔约国通过国内立法专门规定对有关制度的具体细化措施。比如对于南极特别保护区与特别管理区制度，要明确建立相应区域的目的，并针对特定的目的建立一套适用的管理机制；应强化各国派往相应区域工作人员的专业素养；引入实施效果审查制度，制定实施效果评估标准，对于实施效果的监督建立专门的机构，并引入国际社会的共同监督。对于环境影响评价制度，应主要针对如何量化项目的环境影响程度来进行改善，可以由协商会议制定一个最低标准，各缔约国可以在此基础上制定更严格的标准，这个标准应该兼顾缔约国之间的综合国力差距，同时尽量做到在不打击缔约国参与南极环境保护事务积极性的基础上，最大限度地保留南极的初始环境条件；在制定可量化标准的基础上还要建立起替代方案制度，通过比较各个方案的影响选出最符合保护环境目标的方案；最后要在环境影响评价制度中引入风险预防原则，建立起动态、整体调整的环评机制，对各个国家不同建设项目的环评应设立一个专门的机构进行整合，预估各个项目间的相互影响，对相互影响可能产生的环境问题进行评估和防范。

四、中国的南极地区环境保护立法与政策

自 1984 年我国首次向南极派出科学考察队以来，我国的南极事业已经开展了 35 年，原国家海洋局也在 2017 年 5 月发布了我国首部白皮书性质的《中国南极事业》报告，其中全面回顾了我国的南极事业。南极环境保护与治理一直都是我国南极事业的重点之一。我国自加入南极条约体系以来，陆续批准了南极环境保护立法体系的各项重要文件，积极参与历次南极条约协商会议，积极参与相关管理规则的磋商与订立，在参与南极环境保护立法体系的活动中独自或联合提出了 74 份工作文件和信息文件。这也表明我国保护南极环境的决心与行动。我国坚持和平利用南极，加强南极环境和生态系统保护，致力于提升南极科学认知，鼓励开展南极科学和考察研究，愿为南极全球治理提供更加有效的公共产品和服务，推动南极治理朝着更加公正、合理的方向发展，努力构建南极“人类命运共同体”。〔1〕

2017 年，我国在加入南极条约体系 30 余年后，首次作为东道国于 2017 年举办了《南极条约》第 40 届协商会议暨南极环境保护委员会第 20 届会议。这次在我国举办的会议对我国强化南极地区环境保护的国际法和国内立法有着深远意义。虽然前文所述南极环境保护国际立法体系对人类在南极的各项活动作出了全面而相对完善的规定，但是其实施却需要各缔约国将其转化为国内法。为了使我国在南极的权益不受侵害，规制我国各类主体在南极的活动对南极环境的影响，使我国在南极的活动有法可依，我国的南极立法势在

〔1〕 刘诗瑶：“《中国的南极事业》发布已初步建成南极考察基础设施体系”，载《人民日报》2017 年 5 月 23 日。

必行。

我国还处于南极立法的初期阶段，原中国国家海洋局于 2014 年 6 月颁布实施了《南极考察活动行政许可管理规定》，作为规范我国南极科考活动的行动指南，同时也是我国第一部专门的南极立法。但是，该规定只是规范科学考察的部门规章，其适用范围相当狭窄，[1]立法层级也很低。时隔三年之后的 2017 年 5 月，原国家海洋局又颁布实施了《南极考察活动环境影响评估管理规定》，涉及南极环境影响评价主管部门、强制环评、监督实施等各方面内容，为我国在南极的环境影响评价活动提供了法律支持。然而这个规定存在的问题也是显著的，在专业程度、法律责任的救济方面还有所欠缺，[2]而且立法层级仍停留在部门规章。为了促进南极环境保护国际法与国内法的健全与完善，笔者提出如下建议。

（一）加快我国南极立法速度与质量

随着我国融入国际社会的程度不断提高，我国在南极的活动范围不断扩大，程度不断加深。同时作为南极条约体系的一员，我国的第十三个五年规划纲要对我国参与南极事务提出了更高的要求——“积极参与网络、深海、极地、空天等领域国际规则制定”。[3]在 2019 年全国两会就“人大立法工作”问题举办的记者会上，有记者提出“把南极活动与环境保护法列入立法规划”的问题，全国人大环境与资源保护委员会委员程立峰表示，该问题已经进入了全国人大环境与资源委员会的立法程序之中。这表明，我国有责任也有意愿将南极条约体系的环境保护国际法规范转化为国内法，明晰参与南极活动管理各部门的职责，强化主管部门的责任；规范南极活动参与者与相关主体的行为；加强参与南极活动的广度和深度，提升南极活动能力建设；加大脚步推动我国南极事业向前推进。

为此，我国南极立法的进程还要加快，要在南极环境保护基本法的层级上明确我国在南极进行一切活动的基本准则和基本制度；要在法律层面上明

---

〔1〕 刘昕畅、邹克渊：“国际法框架下中国南极旅游规制的立法研究”，载《太平洋学报》2016 年第 2 期。

〔2〕 秦天宝、虞楚箫：“倡导‘绿色’考察 保护南极环境——《南极考察活动环境影响评估管理规定》述评”，载《环境保护》2017 年第 16 期。

〔3〕《中华人民共和国国民经济和社会发展第十三个五年规划纲要》，http://www.china.com.cn/lianghui/news/2016-03/17/content_38053101_2.htm，最后访问时间：2019 年 5 月 22 日。

确我国对南极的核心利益诉求，通过立法程序保障我国在南极的合法利益不受损害，借此促进我国参与南极各项活动的积极性。我国应积极在南极建立特别保护区与特别管理区，同时加强对已建立保护区的管理工作，在特别保护区与管理区中强化国际交流合作；对于潜在的保护区要主动参与、积极推动其设立与相关措施政策的制定；南极活动需要科学技术的支撑，应通过法律手段鼓励相关科学研究的深入，大力投入资金，培养相关人才，积极参与国际上相关国际法规范的制定。

（二）推动非政府组织参与南极环境保护

环境非政府组织一直是环境保护事业的重要参与者与积极推动者。目前我国环境非政府组织关注的主要焦点还是国内的各种环境问题，参与南极环境保护较少。创绿中心是我国长期以来深度参与南极环境保护与治理的环境非政府组织，在我国的南极事业中发挥着积极的作用。创绿中心通过邀请国际上专门从事南极环境保护活动的非政府组织——南极与南大洋联盟（ASOC）来我国进行分享交流活动，为我国的南极政策提供智力支持，引起公众对南极环境保护的关注。这种积极参与的态度也可以促进国家机关对南极环境保护的关注程度以及自身在国际环境非政府组织中的影响力。

然而，我国环境非政府组织的发展、政府支持力度、国际交流参与程度与影响力相较于发达国家来说还有很大差距，在政策、人才以及资金支持方面都不能达到有效参与南极环境管理事业的预期。对此，笔者建议，首先，我国应出台鼓励非政府组织参与南极环境保护事业的单独立法或相关立法，给予其参与南极事务的合法地位，并通过法律等手段提供各种支持；其次，对于环境非政府组织自身，要利用其优势深化与国家机关在南极环境保护方面的合作，同时积极对外交流，提高自身国际影响力。

（三）在保护生态环境基础上，实现我国在南极的利益

作为地球的南北两端，南极与北极在地理与自然条件、国际法地位上都具有一定的相似性，因此南极地区政策的制定也可以借鉴我国在北极的处理方式。参考我国的北极政策白皮书，我国的南极政策应当秉持尊重、合作共赢、可持续的理念，形成认识南极、保护南极、利用南极、治理南极的综合体系。首先，我国应继续深化在南极开展的科学研究活动，强化科普工作，提升我国各界对南极的认识，与其他国家进行科研合作，分享交流数据，考

虑生态利益发展，注重生态保护的技术装备；其次，要减少对南极陆地、海洋的污染，维持其生物多样性与生态平衡，与世界各国共同应对气候变化；在南极地区的环境保护工作以及南极特别保护区和特别管理区的日常工作中要遵守风险预防的原则和方法，力保将问题控制在开始阶段；再次，我国在利用南极的过程中，在保护南极环境的基础上，也应当适度考虑自身的经济效益，适度开展南极海域海洋渔业资源联合调查，为南极海域渔业资源合资合作做必要的准备。在旅游资源的利用上要求公众进行有责任感的旅游，低碳而生态友好，并通过这样的旅游反过来激励公众了解南极，保护地球环境；最后，我国要尊重目前的南极环境保护国际立法体系，在体系范围内积极参与南极地区相关的环境保护与治理活动。

五、结语

南极地区在地球上是一个极为特殊的区域，其特殊性表现在地理位置、生态环境、国际地位等诸多方面，这种自然与人文的特殊性使其环境问题尤其复杂，使其环境变化深刻影响着人类在地球上的生存。随着人类对世界的认识能力逐步提高，对自然与人类的关系有了更深刻的理解，环境友好的思想开始产生与发展。南极环境保护国际立法体系开始发展以来，南极环境保护在国际上的关注度逐渐提高，许多国家纷纷通过环境保护与管理活动来强调自身在南极的话语权。自《南极条约》通过以来，南极环境保护国际立法体系经过半个多世纪的发展，形成了覆盖资源利用与生态保护，实体与程序等各个方面的制度体系，这种体系自建立以来，尽管在实施过程中还有许多缺陷与阻碍，但仍不失为是一套行之有效的体系。对这套体系进行完善，使其能够更好地应对日益复杂多变的南极环境，是南极环境保护立法体系和制度发展的方向。我国应当抓住南极环境保护立法体系和制度发展的机遇，建立起自己的南极环境保护国内法体系，在促进南极地区环境保护的同时，更好地实现我国在南极地区的合理权益。

WTO关于贸易与环境问题的规则及案例评析

吴雅菁

摘　要： 贸易与环境具有密切的关系，运用 WTO 争端解决机制来解决贸易与环境争端，似乎已经成为 WTO 成员方的惯常做法。但是 WTO 关于贸易与环境问题的相关规则在案件适用中，暴露出规则模糊、笼统，贸易本位等缺陷。为了有效地预防和解决贸易争端，协调国际贸易与环境保护的关系，促进人类社会可持续发展，应当完善 WTO 关于贸易与环境问题的规则，寻求新的争端解决途径，减轻贸易本位对环境规则的影响。

关键词： 贸易自由　环境保护　WTO　环境规则

国际贸易与环境保护相互促进，相互影响。如何妥善处理两者的关系，WTO 成员如何减少国际贸易环节所造成的环境问题，顺应国际环保事业的大趋势，实现贸易与环境的可持续发展目标，都需要我们深刻反思。本文分析了国际贸易中产生的环境问题和案例，以及 WTO 关于贸易与环境问题的规则及其缺陷，最后探讨有关规则的完善之道。

一、国际贸易与环境保护的关系

随着经济贸易的全球化和自由化发展，有关国际贸易与环境保护的关系问题逐渐显现。研究和解决 WTO 关于贸易与环境问题的规则及相关问题，首先要了解贸易与环境问题的由来，厘清贸易与环境的关系。

（一）贸易与环境问题的提出

国际贸易与环境保护的关系问题由来已久。早在 1935 年，《保护天然动植物的伦敦公约》第 9 条就规定“控制和限制热带生物的进出口”。〔1〕从国际贸易与国际环境保护领域的国际立法来看，贸易与环境问题的提出和发展主要有两个时间点。1947 年《关税与贸易总协定》(General Agreement on Tariffs and Trade，GATT) 的签订标志着全球经济贸易自由化趋势的开始。1994 年乌拉圭回合谈判完成，并通过了一系列新的协定，建立了具有更加明确的制度和合法身份的世界贸易组织（WTO），这标志着国际贸易的自由化和全球化进入了火热发展阶段。与此同时，随着 1992 年联合国环境与发展大会的召开并成功通过《里约环境与发展宣言》《21 世纪议程》，开放签署《生物多样性公约》《气候变化框架公约》等重要条约和文件，国际环境保护事业也达到了崭新的高度。实践中不时发生的贸易与环境争端，推动贸易与环境问题在 20 世纪 90 年代成为热点问题，学界也开始对两者的关系展开研究和探讨。

在实践中，贸易与环境之间往往不能和谐共存，存在着很多不协调甚至是相互冲突的地方，出现了越来越多的以保护环境为目的而产生的贸易争端。比如，美国抵制挪威开展捕鲸活动造成双方关系紧张；美国利用国内立法禁止进口墨西哥违禁捕捞的金枪鱼，引起双方纠纷；美国以保护濒危海龟为目的，禁止从日本等国进口海虾而产生冲突等。因此，如果将这种不协调或者冲突放在现行的国际经济秩序大背景下加以考虑，我们不难发现贸易与环境问题的矛盾往往与其背后更深层次的发展中国家与发达国家之间在经济上的差距和利益冲突紧密相连。〔2〕如今越来越多的环境条约试图通过设立环境标准或采取与环境有关的贸易限制措施来保护环境，这势必会影响到各国政治、经济、环境等多个领域，贸易与环境的关系问题引起国际社会的高度重视。

（二）关于贸易与环境关系的理论

在国内外学术界，有关贸易与环境关系的理论总的来说可以概括为统一

〔1〕［法］亚历山大·基斯：《国际环境法》，张若思编译，法律出版社 2000 年版，第 397 页。

〔2〕那力、何志鹏：《WTO 与环境保护》，吉林人民出版社 2002 年版，第 215 页。

论、冲突论、协调论三种主要观点。

持统一论观点的学者认为，贸易与环境保护之间是统一的关系，贸易的发展并非是导致环境恶化的根本原因，相反，对外贸易促进了环境问题的改善。早在20世纪90年代，美国学者就针对“环境质量与人均收入之间的关系”提出了环境库兹涅茨曲线理论。学者们用该理论证明，当人均收入达到一定标准后，随着人均收入的提高和经济的发展，环境质量总体也随之改善。因为随着经济的发展，人们对环保技术有了更多的资金投入，对清洁产品也有了更多的需求。国际贸易活动在注重减少对环境危害的同时，为环境治理提供资金支持，促进了清洁技术和新能源的应用。此外，随着国际贸易活动带来的经济水平的提高，人们对生存环境提出了更高要求，也从思想上带动了社会整体环保意识的提高。

冲突论的观点认为贸易与环境之间存在着难以调和的冲突与矛盾。自由贸易的快速发展使国与国之间的贸易活动愈发频繁，对产品的消费以及对资源的消耗也越多，经济发展对自然环境的依赖度越高。因此，有学者提出了贸易诱致型环境退化假说理论以及污染避难所假说理论。他们认为贸易活动以追求利润最大化为首要目标，忽视了环境成本，对社会环境会产生负外部性，从而产生了一系列因贸易活动而出现的环境问题，而采取严格的措施以遏制环境恶化必然会影响一国贸易的自由发展。因此，自由贸易与环境保护之间相互羁绊，难以调和。

持协调论观点的学者认为，尽管贸易与环境之间存在着矛盾，但是可以相互调和。笔者认同这一观点，因为从实践来看，国际贸易与环境保护之间确实存在矛盾，但是这些矛盾与冲突是可以化解的，而不是一种“非此即彼”的关系。从目的和宗旨上讲，国际贸易与环境保护都具有提高人类生存质量的统一性。《关于建立世界贸易组织的马拉喀什协议》规定，贸易的目的包括“提高人类的生活水平以及根据可持续发展的目标，最佳地利用世界资源”。〔1〕环境保护的目的如《21世纪议程》在引言部分的规定，是“改善所有人的生活水平，更好地保护和管理生态系统，争取一个更加安全和繁荣的未来”。因而国际贸易与环境保护都是谋求国内和国际社会发展的重要基础和途径。下文将通过分析实践中国际贸易与环境保护之间的彼此影响来确定两者的关系。

〔1〕 参见《关于建立世界贸易组织的马拉喀什协议》序言的规定。

（三）贸易自由化对环境保护的影响

在国际贸易实践中，越来越多的案例表明贸易对环境正在产生重要的影响，包括积极影响和消极影响，它们之间的关系也变得愈发密切。

1. 积极影响

贸易自由化促进了经济增长，同时对生产环节的清洁技术提出了更高的要求，使贸易活动更加注重可持续发展。具体而言，贸易自由化对环境保护的积极影响包括如下几个方面：第一，国际贸易的发展促进了经济的增长，使环境保护有了资金支持。根据 OECD 的推算，从 2002 年起，财富的增量为每年 2000 亿美元。[1]对国家而言，在收入提高后可以投入一定的财力用于环境保护，将财政支持用于缓解因经济不发达而造成的环境恶化，[2]避免走先污染后治理的老路；而个人收入的提高也有助于提升其对环境质量的要求，增强个体的环保意识。第二，国际贸易能够推进环境友好型技术的发展。因为企业为了跟进贸易发展的步伐，在国际市场获得竞争优势，需要引进更高效、环保的技术，生产出有市场竞争力的清洁产品。第三，国际贸易的发展促进了环境保护法律制度的完善。因为在贸易过程中，不免会出现因经济活动而造成对环境的影响，或者因对本国环境资源的保护而阻碍贸易的正常进行等问题。在实践中，诸如关税壁垒、环境补贴以及自然资源确权的纠纷时有发生。各国为了保护本国的经济与环境利益，不断完善国内相关立法，相互之间也缔结和实施了双边或多边环境协定，以规制贸易对环境的不良影响。

2. 消极影响

贸易与环境保护之间也存在一些矛盾，贸易自由化也可能对环境保护造成反向的效果。具体而言，这种消极影响主要表现在：第一，贸易活动可能引发污染转移。一些发达国家为了减轻产品生产环节对环境的破坏，将工厂设立在某些谋求经济利益且缺乏环境治理技术的发展中国家，转移环境污染；在贸易运输环节中，大型交通工具的使用和燃料的泄露，也会对大气、海洋环境造成破坏；同时，贸易活动为危险废物的越境转移提供了更多机会与途

---

〔1〕 张娟：“世界贸易组织中贸易与环境问题研究”，对外经济贸易大学 2002 年硕士学位论文，第 14 页。

〔2〕 张坤民：《可持续发展论》，中国环境科学出版社 1997 年版，第 126 页。

径。第二，频繁的贸易活动加剧了对自然资源的消耗。经济的增长加快了对自然资源利用的频率，同时也加大了空气中温室气体的排放量，导致环境承载力的下降。[1]而环境承载力的下降将会对人类的生存环境和质量产生重要影响。第三，贸易活动的扩大化将对整个生态系统产生影响。为扩大生产效益，贸易的发展促使更多集约型生产模式的出现。例如在集约型林业中，企业通过种植大规模易生长的经济林代替有环境保护功能的生态林来获得更多经济利益。集约型的生产模式片面追求经济效益，不考虑生产环节对环境的负面影响，因而造成水土流失、土壤失去肥力、河流污染、植被破坏等不良后果。

贸易对环境保护有促进作用，同时也会给环境带来一些消极的影响，但是不能通过禁止贸易和经济增长的形式来进行环境保护。在贸易实践中，一些国家打着环境保护的旗号采取贸易限制措施，实施绿色壁垒，以实现自己的贸易利益，导致贸易与环境的问题越来越复杂且难以处理。WTO 为了解决贸易与环境问题，避免产生国际纠纷，在有关多边贸易协议中设立了环境条款，形成了贸易与环境规则，下文将对这些条款和规则进行分析。

二、WTO 关于贸易与环境问题的规则

WTO 对于环境问题的规定在相当长的一段时期内处于空白状态，其对环境问题的关注是随着环境问题的日益严重而逐渐形成和发展起来的。到目前为止，WTO 对于国际贸易中的环境保护问题依然没有专门的协议来加以规范，有关环境问题的条款分散规定在各项单独的协议之中。

（一）GATT 中的环境保护条款

国际社会建立 GATT 的最初目的，是推动国际贸易发展，加快经济建设，对贸易与环境问题并没有给予足够的重视和关注。因此在该协定中没有关于贸易和环境问题的专设规定，仅在“一般例外”的第 20 条（a）—（j）的十项例外中的（a)(b)(g）款有所涉及。该条（b)(g）款允许成员方为了特定环境目标——“为维护人类、动植物的生命或健康所必需”“为有效保护可用竭

---

〔1〕 环境承载力包括生态承载力和社会承载力。生态承载力是指在某一空间区域内和一定技术下，自然界可以维持的最大种群数量。社会承载力是指在不同的社会体制下，特别是在与其相关的资源消耗模式下，所能维持的最大人口数量。

天然资源”而实施与 GATT 规定相偏离的措施。同时，为了防止成员方滥用该例外条款，该条又在序言部分规定了援引这些例外条款的前提条件，即成员国在采取相关措施时不能构成对各国的“任意或无理的歧视”以及不构成国际贸易中的“变相限制”。但是 GATT 第 20 条没有对何为“歧视手段”，何为“限制手段”进行具体明确的界定。因此，需要结合具体案例分析某措施是否构成歧视、限制。同时，第 20 条对于环境目标的具体含义也没有进行阐述，即没有明确何为“保护人类、动植物的生命或健康”，何为“必需”，何为“可用竭资源”？由此导致实践中在具体阐释某一环境措施是否对贸易构成限制时，可能会采取比较苛刻的主观标准。[1]因此可以认为，GATT 在环境保护与自由贸易的关系上采取了偏向后者的态度，其有关环境保护的例外条款虽然表明了是以环境保护为目的，但是其具体的内容依然是贸易本位思想，将贸易利益放在了首位。

（二）《技术贸易壁垒协议》中的环境保护条款

《技术贸易壁垒协议》（TBT 协议）第 2 条第 2 款明确规定，为了保护人类、动植物的生命、健康和良好的环境条件，各缔约方有权在未超越保护所需程度的情况下，指定相关的技术性规范。该协议第 2 条第 10 款规定，当环境保护问题可能构成紧急问题时，成员方可以以此为理由采取程序公开其技术标准和规范。可以看出，协议肯定了成员方有权采取适当措施来维护包括健康、环境在内的社会共同利益，它作为一项非专门性的关于贸易与环境问题的协议，所制定的相关环境规范相比以往的条约已经有了巨大进步。然而，我们也应当看到，该协议对有关环境措施的具体实施也有一定的限制，即保护程度不得阻碍自由贸易的正常开展。根据该协议的前言规定，成员方有权以某种方式设立一定的环境保护标准，以保护人类、动植物的生命或健康，但须符合两个条件：第一，不能构成不合理的歧视，对不同来源地的产品须实行同一标准；第二，不能对自由贸易构成不必要的限制。

（三）《补贴与反补贴措施协定》中的环境保护条款

《补贴与反补贴措施协定》（SCM 协议）第 8 条第 2（c）款规定，为适应

---

〔1〕 张帅梁：“WTO 框架下自由贸易与环境保护的博弈及中国对策”，载《中州学刊》2011 年第 3 期。

环境要求可以提供援助，但是该类援助需要符合以下前提条件：一次性的临时措施；且限于适应所需费用的20%；且不包括替代和实施受援投资的费用，这些费用应全部由公司负担；且与公司计划减少废弃物和污染有直接联系且成比例，不包括任何可实现的对制造成本的节省；且能够适应新设备或者生产工艺的公司均可获得。只有符合了以上五个条件，对贸易产生不利影响的环境补贴才被SCM协议所允许。

（四）《与贸易有关的知识产权协议》中的环境保护条款

作为WTO协议的重要组成部分，《与贸易有关的知识产权协议》（TRIPS协议）也对国际贸易中环境问题的解决提供了一定的规范原则。TRIPS协议有关环境保护的条款主要体现在第27条，该条规定，为了维护社会正常的生活秩序和人们普遍遵守的社会道德，或者为了避免商业活动对环境的潜在破坏，各国有权不授予发明专利权，并且有义务制止该项行为被用于商业途径。不过该条款侧重于对专利授予方面的规定，也没有明确规定解决环境问题的具体规则。

除了上述协议之外，涉及国际贸易与环境保护问题的其他协议还包括《建立世界贸易组织协议》《农产品协议》《实施动植物卫生检疫措施协议》《服务贸易总协议》等。

（五）规则评析

从上文可以看出，尽管WTO下的一系列协议有关于环境保护的条款或规范，然而都是作为一些原则性或指导性条款，没有处理贸易与环境问题的明确的、具体的规范。不难判断，WTO的最主要目标依然是发展全球经济，促进各国之间的贸易往来，而环境保护只是处于次要位置。WTO协议中的相关环境条款作为指导性原则，在具体实施过程中具有很大的自由裁量的余地，而且部分贸易限制措施在实施过程中具有一定的限制条件。这些限制措施基本上都是以不得妨碍正常的贸易活动为前提，这就不可避免地导致一些国家打着“保护环境”的旗号，对成员方实行贸易限制措施。

三、WTO关于贸易与环境规则的案例解析

随着国际贸易活动的快速发展，涉及环境问题的贸易争端不断出现，如

何运用 WTO 协议的相关条款和规则来维护本国利益，成为各成员方在争端中博弈的重点。从 WTO 争端解决机制解决的某些经典案例，也可以看出 WTO 贸易与环境规则实施的状况，以及存在的问题和缺陷。

（一）美国汽油标准案

美国环保局 1993 年发布了“汽油规则”，设定了两种基准来衡量汽油质量。“汽油规则”规定，对 1990 年经营 6 个月以上的国内炼油商适用企业单独基准。混合加工商或进口商如果无法使用第一种方法设定基准，就必须适用法定基准。对 1990 年经营不足 6 个月的国内炼油商和外国炼油商适用法定基准。1995 年 1 月 23 日，委内瑞拉等国对美国的该项措施提出争议，并于 2 月 24 日结合 TBT 协议与美国就该争议进行磋商，但磋商结果未能使双方满意。3 月 25 日，委内瑞拉将该争议提交 WTO 争端解决专家组进行处理。

委内瑞拉和巴西等国认为，“汽油规则”的制定不符合 GATT 第 20 条一般例外规则的规定。美国提出，其所采取的措施符合第 20 条（b）款“保护人类、动植物生命安全”的措施，也符合（g）款“为保护可用竭资源”的措施。而专家组认为“汽油规则”不是“为保护人类、动植物的生命或健康所必须”的措施，因此不属于 GATT 第 20 条（b）款所述的例外；同时清洁空气可以被认定为 GATT 第 20 条所说的“可用竭自然资源”，〔1〕但是美国的“汽油规则”不能被认定为保护自然资源的措施，不属于第 20 条（g）款所述的例外。为此，美国提起上诉。

WTO 上诉机构认为美国限制贸易的措施符合 GATT 第 20 条（b）(g）两款的规定，但依据该条引言部分规定，禁止在情况相同的国家间实行“武断的或不合理的”差别待遇，或“变相限制”。上诉机构认为，“变相限制”也包括变相的差别待遇。而美国没有在国产汽油和进口汽油之间无歧视地实行统一标准，美国确定基准的方法是对国际贸易“不合理的歧视”及“变相限制”。因此，虽然它属于第 20 条规定的例外情况之一，但没有达到第 20 条引言的要求，不能依据第 20 条享受例外。上诉机构于 1996 年 4 月认定美国败诉，并建议美国修改“汽油规则”的相关规定，使其符合 GATT 第 20 条的相关规定。美国于 1997 年 8 月宣布接受该建议。

〔1〕 Appellate Body Report, *United States - Standards for Reformulated and Conventional Gasoline*, *pp*. 28-29。

从该案件可以看出，WTO 争端解决机构对 GATT 第 20 条子项的适用标准的严格程度大大降低，这也表明 GATT 第 20 条的具体适用标准并非固定不变的，相反是有一定弹性空间的。本案是 WTO 通过争端解决机制确定 WTO 与环境保护关系的第一个具体案例，证明了环境保护和贸易发展之间虽然存在矛盾，但可以通过争端解决机构运用相关规则进行调和。本案争端的解决，有助于我们在实践中进一步理解 WTO 贸易与环境规则，并且也为 WTO 争端解决机制阐释影响国际贸易关系的环境保护措施提供了良好的开端。

（二）美国海虾—海龟案

为了保护濒危物种海龟，美国于 1989 年制定公法 101-162（609 条款），要求对在捕捞海虾时伤害与虾群结伴而游的珍贵海龟者采取禁止进口措施。条款规定，从 1996 年 5 月起，所有国家在与海龟共存的水域中捕捞的海虾，若要向美国出口，须获得美国国务院的证明，表明在捕虾拖网船上已安装了海龟驱赶装置和实施了有关法律的规定。泰国、印度等国认为美国的做法违背了 WTO 的规定，故向 WTO 争端解决机构起诉。美国则以 GATT 第 20 条（g）款“关系到养护可用竭的天然资源的措施，凡此措施同限制国内生产与消费一道实施者”，可以进行贸易限制的理由作为辩护。该案专家组于 1997 年 4 月裁定美国败诉后，美国提出上诉。

在上诉中，对于 GATT 第 20 条（g）款中“关系到可用竭的天然资源”的认定，泰国与印度等认为“天然资源”指的是“有限的资源如矿产品，而不是生物的可再生资源”。对此，上诉机构指出，第 20 条（g）款并不限于养护“矿产品”或“无生命”的自然资源。结合《建立世界贸易组织协议》序言的规定，“成员国在处理贸易与经济问题时，应以可持续发展为目标，考虑到对资源的最优利用”，上诉机构指出第 20 条中“天然资源”一词，并非是一个固定不变的概念。[1]上诉机构在解释 GATT 第 20 条（g）款时，分析了第 20 条原来的内容和起草历史，指出“可用竭的自然资源”不是一个“静态”的概念，而是“不断发展的”，必须根据现在各成员方对环境保护的理解来判断其内容。“在目前没有对 GATT1994 重新修订的情形下，把‘可用竭自然资源’仅限定为‘矿产资源和非生物资源’显然已经过时。”1998 年 10 月

---

〔1〕 Appellate Body Report, *United States-Import Prohibition of Certain Shrimp and Shrimp Products*, 12 *October* 1998, *WT / DS58 / AB / R*, *paras*. 128-129。

12 日，上诉机关对本案作出裁决，裁定美国胜诉。可见，上诉机构基于现代国际环境法的理念，对以前 GATT 专家组的分析进行了补正，用“可持续发展”原则解释和弥补了法律空缺。

该案在 WTO 贸易与环境规则的解释和适用等方面具有重大意义。第一，缔约方可在符合一定条件的前提下，将其国内环境管制措施延伸适用于其他缔约方。第二，该裁决正式确认了非政府组织的地位和作用，专家组可以在争端解决过程中直接接受由非政府组织提供的材料和报告，加大了争端解决机制的透明度。第三，上诉机构用发展的眼光解释 GATT 条款，根据 WTO 规则和宗旨有效地补正和更新了 GATT 条款的含义。[1]

（三）案件评析

总体来说，美国汽油标准案和海虾—海龟案中上诉机构的裁决标志着 WTO 争端解决程序在贸易与环境关系上的一大进步。上诉机构的裁决使成员方根据 GATT 规定的市场准入权利与根据 GATT 第 20 条例外采取环保措施的权利之间达到了合理平衡，但是这些案件也同样提出了一系列问题。从贸易与环境关系的角度来看，什么是允许采用有效的环境措施，什么是禁止的、打着 GATT 第 20 条例外的环境旗号采取的贸易保护主义措施，其界限仍然不太明确。比如，在为了保护环境而实施的贸易限制达到何种程度时，WTO 成员必须进行多边谈判？在保护发展中国家利益上应当作出怎样特别的努力？对单边贸易行动应采取怎样的措施，以确保发达国家不将环境成本转移到发展中国家？这些问题都有待进一步解决。

四、WTO 关于贸易与环境规则的缺陷及完善

通过对 WTO 协议的相关环境规则与 WTO 经典案例的评析，可以看出 WTO 关于贸易与环境的规则仍然存在一定的问题和缺陷，需要进一步解决和完善。

---

〔1〕 那力、何志鹏：《WTO 与环境保护》，吉林人民出版社 2002 年版，第 131 页。

（一）WTO 关于贸易与环境规则的缺陷

1. 缺少专门且特定的环境规则

WTO 之下没有专门解决贸易与环境问题的协定。例如，GATT 将环境规则条文设定在第 20 条的例外条款内，为成员方设立了特定的环境目标。除此之外，并没有专门的条款进行具体规定。同样，《技术贸易壁垒协议》《补贴与反补贴措施协定》和《与贸易有关的知识产权协议》的相关规定也都以“例外条款”的形式存在，而并非专门性的规定。存在这一现象的原因，归根到底还是 WTO 最初设立的目的是以贸易为中心，即使随着经济的发展和环境的恶化，国际社会日益重视环境保护，但是在贸易本位下设定的环境规则必然没有专门性环境条约或协定的法律地位和效力，其对环境的保护也将置于贸易利益之下。

2. 现行规则模糊不清

WTO 协议关于环境保护的条款规则多为指导性原则，并没有专门性的条文进行具体规定。这就导致了在实际运用时，矛盾双方对同一条款有着不同的解释，相互扯皮，影响争端解决的效率，并把最终决定权都交由 WTO 上诉机构。因此，在贸易实践中，往往谁掌握了 WTO 的贸易话语权，谁更容易成为胜诉方。一场关于环境保护的争端，归根到底还是变成了各国政治与经济资本的较量。这与 WTO 设立这些规则的初衷是相违背的。

以 GATT 第 20 条为例，第 20 条前言指出例外措施的成立条件是“在条件相同的各国间不会构成任意的或无理的歧视，或者不致形成伪装的对国际贸易的限制”。该规定并没有对何为“任意无理的歧视”、何为“伪装的限制”进行具体阐明，而需要在具体实践中进行认定。比如关于“非任意或无理的歧视手段”的认定，争端解决机构在美国海虾—海龟案中认为，若该措施为争端双方已经进行过谈判或者双方已经努力进行磋商而达成，又或者该措施具有灵活性，方便适用，则此措施就不构成任意或无理的歧视。又如关于“非伪装的贸易限制”的认定，实践中一般只要符合三个条件，则此措施一般不构成伪装的对国际贸易的限制。一是该措施通过了公开性检验，即措施已经公开宣布被广泛知悉；二是该措施不构成歧视；三是该措施通过了设计、体系或结构的检验。[1]

此外，WTO 规则对关键词语的定义也不明确。比如 GATT 第 20 条（b）款规定“为维护人类及动植物生命或健康所必需者”，该款对“必需”没有进行明确界定。在“泰国香烟案”中，泰方认为限制他国香烟的进口对泰国人民的身体健康有“必需性”，然而最终败诉。而在“欧盟石棉案”中，欧盟也认为限制对加拿大的石棉进口对欧盟人民的身体健康有“必需性”，最终胜诉。可见，因为 WTO 规则未对（b）款的“必需性”作出明确解释，在规则的实际运用中，往往还需要争端解决机构根据具体案情来判断是否“必需”。这种判断具有较大的主观性，因而也会产生类似案件最终结果却不尽相同的情况。同样，GATT 第 20 条（g）款规定了“保护可用竭天然资源”，在上述美国海虾—海龟案中，可以看到双方争议的焦点就是关于“可用竭资源”的认定，最终还是由上诉机构作出了“海龟属于可用竭资源”的结论。

3. 缺少专门的环境争端解决机构

通过上述案例可知，WTO 框架下关于贸易与环境争端的解决一般是经过“起诉、专家组认定、不服上诉、上诉机构认定”的程序。这其中专家组以及上诉机构都是隶属于 WTO 的。而 WTO 设立的目的是促进全球贸易自由化，加快经济发展，在规则适用和争端解决的实践中不可避免地存在着贸易本位的思想，可能会为了实现贸易利益而有失偏颇。针对 WTO 规则没有明确规定的条款的解释，话语权掌握在 WTO 争端解决机构手中。比如在美国汽油标准案中，关于美国汽油标准措施是否符合国民待遇原则，是否打着环境保护的旗号来实施变相的贸易限制，这些问题的判断都交由 WTO 争端解决机构。因此，为了实现贸易活动中的相对公正，保护发展中国家在贸易活动中的地位，真正做到以环境保护为目的实施贸易限制，需要建立一个独立于 WTO 的环境争端解决机构。

（二）WTO 关于贸易与环境规则的完善

1. 制定统一的环境保护协议或标准

考虑到 WTO 协议与环境保护相关的条款具有例外性和分散性，条款规定得过于抽象和笼统，因此建议由 WTO 各成员方协商，制定 WTO 项下专门的

---

〔1〕 王曦编著：《国际环境法》（第二版），法律出版社 2005 年版，第 357 页。

环境保护协议和标准，负责为 WTO 贸易与环境争端提供指导性冲突解决机制，使各方在解决争端过程中，有理可循，有据可依，避免过多的自由裁量和主观判断，平衡好环境利益与贸易利益。[1]

2. 明确关键术语的含义

WTO 关于贸易与环境问题的规则不够明确详尽，在实际运用中需要争端双方对关键术语进行解释，并由专家组或上诉机构对解释作出选择和判断。这造成对规则中相关条款和关键词语的解释过于主观，也不可避免地会出现成员方为了贸易利益作出虚假解释的情况。因此有必要明确关键术语的含义，在 WTO 规则中对“可用竭天然资源”“任意无理的歧视”“非伪装的贸易限制”等相关术语作出通俗的、符合常理的统一解释，在纠纷难以化解时借鉴和引用该解释，为双方存在的争议提供指导性的解决方法。

3. 设立指导性原则

在争端无法通过对关键术语的解释得到有效解决，或者无法用具体规则解决案情时，可以通过使用诸如“可持续发展”等一般指导性原则来解决争议。比如在美国海虾—海龟案中，上诉机构联系 WTO 协议中“可持续发展”原则，认为“天然资源并非静止不变的”，把可持续发展列为 WTO 的总目标，从而弥补了贸易与环境规则的缺陷，协调了环境与贸易的冲突。

4. 设立独立的环境争端解决机构

WTO 将实现和维护多边贸易自由化作为首要任务，保护环境这一目标最好置于 WTO 的框架外实现。WTO 在解决争端的过程中首先考虑的是争端双方是否违背了 WTO 下的原则规定，而不是是否违背了环境保护的要求。这种处理问题的模式不利于真正实现环境保护。同时，WTO 也不应当变成一个环保组织，不应干预各国内部环境标准和环境政策的制定。由于环境问题涉及一国的政治、经济、技术、法律等多方面，这些问题需要由一个独立于 WTO 的组织去解决。因此，建议在联合国环境规划署框架下设立一个包括环境学专家、各成员方、国际组织以及环保性非政府组织的专门性争端解决机构，负责解决贸易中的环境争端，而不是适用 WTO 争端解决模式。

[1] 李振纲：“世界贸易组织的环境保护政策”，载《中南财经大学学报》2000 年第 2 期。

五、中国对 WTO 贸易与环境规则及相关争端的应对之策

结合上述 WTO 关于贸易与环境规则的分析以及中国在加入 WTO 后所面临的挑战，我们也可以寻求中国在 WTO 贸易与环境规则及争端解决机制中的应对之道。

（一）中国涉及 WTO 贸易与环境规则的主要争端

目前由于我国的环境污染控制技术水平不高，加之国内企业的环境保护意识不强，在清洁生产技术和工艺水平方面离发达国家的环境标准还有一定差距，因此有时在贸易活动中，发达国家会根据 WTO 环境规则实施贸易限制措施，对我国的出口贸易和环境资源产生了一定的影响。其中最典型的案例是中美原材料出口案及稀土案。

1. 中美原材料出口案

在中美原材料出口案中，美国、欧盟、墨西哥等认为中国对铝土矿、焦炭、萤石、煤、锰等 9 种相关原材料实行出口限制的措施违反了 GATT 第 11 条中“普遍取消数量限制原则”以及《中国入世议定书》第 11 条第 3 款的承诺，因此联合向中国提出抗议，并向 WTO 提起争端解决程序。[1] 该案历时两年之久，专家组于 2011 年 7 月 15 日公布了该案的审理报告，基本认定中国的自然资源出口限制措施违反 WTO 协议的相关规则及中国的入世承诺，并否定了关于中国援引 GATT 第 20 条（b）(g）款的抗辩。专家组认为 WTO 成员方对自然资源行使主权不应背离 WTO 规则，第 20 条（g）款例外本身也考虑了各国的自然资源主权，裁定中国不能援引例外条款的原因在于，中国并没有证明其符合援引该例外条款的条件，认为《中国入世议定书》第 11 条第 3 款没有“不得损害中国贸易权利依照 WTO 协议的方式行使”的表述，所以中国不能援引 GATT 第 20 条的例外规定。这显然是不充分的推理。

2. 稀土案

2012 年 3 月，美国、欧盟等国针对中国对稀土原材料出口的限制措施，启动了 WTO 争端解决程序。WTO 争端解决专家组公布报告认为，中国采取

---

〔1〕 Reports of the Panel, *China-Measures Related to the Exportation of Various Raw Materials*, *5 July* 2011, *WT/DS394 /R*, *WT / DS395 / R*, *WT / DS398 / R*, *pp.* 1-3。

措施限制稀土原材料出口的行为违反了 WTO 的相关规则，应当予以纠正。经过上诉后，上诉机构依然维持了专家组的裁决。

WTO 关于两个案件的审理结果对我国自然资源出口产生了重要影响。在 WTO 的面具背后，原材料出口限制争端实际上是各国之间争夺稀有资源及相关利益的冲突，我国采取限制这些产品出口的措施，初衷是为了保护我国稀有资源和保护环境，而欧美等国将我国的出口限制措施诉诸 WTO，其核心目的是对利益的争夺。在贸易本位的 WTO 框架下，对相关环境规则很难进行完善的解释和运用，因此也很难实现对一国环境资源的保护。因此，WTO 争端解决机制容易被利益大国钻规则之漏洞。对 WTO 中关于贸易与环境规则的完善和独立争端解决机构的设立，可以协调各方利益，完善纠纷解决机制，是协调环境保护与贸易自由的关系，维护我国贸易与环境利益的重要路径。

（二）中国针对 WTO 贸易与环境规则与争端的应对之策

WTO 争端解决机制是一种和平解决国际贸易争端的途径。中国作为世界贸易组织的一员，有责任履行 WTO 规则，承担 WTO 项下的义务。另一方面，中国在经历了相关争端后，除了寄希望于 WTO 环境规则自身的完善，还应从本国国情出发寻找一些应对之策，维护本国利益。

1. 加强对自然资源的源头控制

我国在“原材料进口案”与“稀土案”受挫后，需要更加重视自然资源对外贸易的管理。为了真正掌握自然资源主权、开发利用权和管理权，应当尝试改变管理方式。有学者提出中国走出贸易与资源困境的方法就是放弃原本的“末梢控制”的管理理念，在限制自然资源出口的同时，加强对自然资源的“源头控制”，即对国内自然资源在开采和生产环节就进行合理管理。[1]在自然资源开发环节加强管控力度，提前做好对“自然资源”和“资源产品”的区分，积极做好流通环节的市场调控，避免在之后的贸易中被以未作区分为由而受限，为落实对自然资源的永久主权打下坚实基础。

2. 加强与 WTO 成员方的交流

从上述案例可以看出，中国在入世时作出的承诺对中国的环境资源保护产生了重要影响。我国在《中国入世议定书》以及《中国入世工作组报告

〔1〕 张磊：“从‘稀土案’审视 WTO 相关规则”，载《检察风云》2018 年第 15 期。

书》这两个入世文件中都就出口限制问题承诺承担更多义务，并且这些义务无法适用 GATT 的例外规定。这使我国对 WTO 贸易与环境规则的适用空间大大缩小，对我国环境资源的保护非常不利。在此，我国可以加强与 WTO 成员方的交流与合作，强调合作共赢，借鉴“美国海虾—海龟案”的经验，在争端过程中，运用善意原则[1]表达我方的贸易诚意，以及对人类共同拥有的有限资源的保护的必要性。

3. 促进环境技术法规和环境标准的规范化

我国有众多的环境法规，但是其中关于技术法规和标准的界定不够明确，不同的法规之间甚至存在相互冲突的现象。这种现状一方面与 WTO 有关规则相背离，另一方面也给国内外一些企业利用环境法规的漏洞，实施危害环境的行为创造了条件。我国应当吸取其他国家在环境保护方面的成功经验，按照 WTO 有关精神，尽快建立起科学、完善、规范的环境技术法规和环境标准体系，不断提高环境立法的科学性。

4. 推进 ISO14000 系列标准的实施和发展

环境标准也经常被用于贸易保护措施，其中最突出的表现就是进口国对本国产品和对国外进口产品实施不同的环境标准。比如在前文提到的“美国汽油标准案”中，美国对国内的汽油适用的是单独基准，而对进口汽油要求适用法定基准。同时，发达国家在实施严格的环境标准时，只是一味的要求环境标准较低的国家或地区去承担更多的污染责任。这种“你强我弱”的市场准入机制无益于贸易自由与环境保护。因此，需要加快推进 IS014000 系列标准在国内的实施，为此需要推行清洁生产，提高企业的环境友好型设备的使用，加强资金和技术的支持，提高产品的环境标准。因此，在加强与 WTO 成员方的交流合作的同时，我国应加强对自然资源开采、加工环节的控制，加快推进符合国际环境标准的技术在产品生产和流通环节的运用。

六、结语

在当今国际社会，贸易之战愈演愈烈，有关环境资源与人类健康因素的纳入也使得贸易问题变得更加复杂。用贸易本位的 WTO 关于贸易与环境问题

---

〔1〕 胡加祥，彭德雷：“WTO 语境下可用竭自然资源例外规则研究”，载《环球法律评论》2011 年第 6 期。

的规则来解决这种复杂的国际贸易与环境关系，存在许多问题和明显缺陷。一个独立的、专门的环境争端解决机构的设立就有了充分的必要性。同时，在暂时无法改变贸易与环境规则和争端解决机制的当下，可以通过在 WTO 之下制定专门的环境规则或协议，明确关键术语的具体含义，规范对规则中关键词语的解释，减轻 WTO 的贸易本位宗旨对环境保护带来的不利影响。我国作为发展中国家中的贸易大国，在面对贸易战给我国贸易与环境利益带来的不利影响时，应当积极主动参与多边贸易体制内的贸易与环境谈判，加强与各成员方的密切联系，寻求利益共同点；积极参加 WTO 新规则的制定以及现行规则的修订工作，及时补充现有环境保护条款的缺失，一旦发现不利条款及时指出，并形成可参考的修改意见，维护自身的环境主权。同时，完善自身贸易与环境法律体系，制定符合国情的环境标准，改善我国在涉及环境问题的国际贸易中的被动地位。